素质教育“十三五”规划教材

经典诵读

主编　谭冠著　李荣波　杨筱玲
主审　韦伟松　黄丹峻

電子工業出版社
Publishing House of Electronics Industry
北京·BEIJING

内 容 简 介

为了贯彻和落实《教育部关于完善中华优秀传统文化教育指导纲要》精神，在职业院校学生中培育和践行社会主义核心价值观，弘扬中华优秀传统文化，本书编写组聘请学科专家和优秀教师编写了此书。

本书收录了国学经典、唐诗、宋词、中国现当代经典诗文、外国经典诗文等共计 100 篇，荟萃了中外诗文精华，选材经典，内容广博，有较强的针对性、教育性和指导性。

本书可作为职业院校语文阅读欣赏课和早读课教材，也可作为学生朗诵比赛用书，是一本提高青少年思想品德修养的优秀课外读本。

图书在版编目（CIP）数据

经典诵读 / 谭冠著，李荣波，杨筱玲主编. —北京：电子工业出版社，2017.7
ISBN 978-7-121-31809-2

Ⅰ.①经… Ⅱ.①谭… ②李… ③杨… Ⅲ.①阅读课－中等专业学校－教学参考资料 Ⅳ.①G634.333

中国版本图书馆 CIP 数据核字（2017）第 130207 号

策划编辑：祁玉芹
责任编辑：鄂卫华
印　　刷：中国电影出版社印刷厂
装　　订：中国电影出版社印刷厂
出版发行：电子工业出版社
　　　　　北京市海淀区万寿路 173 信箱　邮编　100036
开　　本：787×1092　1/16　印张：12.5　字数：304 千字
版　　次：2017 年 7 月第 1 版
印　　次：2022 年 7 月第 13 次印刷
定　　价：23.00 元

凡所购买电子工业出版社图书有缺损问题，请向购买书店调换。若书店售缺，请与本社发行部联系，联系及邮购电话：（010）88254888，88258888。

质量投诉请发邮件至 zlts@phei.com.cn，盗版侵权举报请发邮件至 dbqq@phei.com.cn。

本书咨询联系方式：qiyuqin@phei.com.cn。

编委会名单

主　编	谭冠著	李荣波	杨筱玲
主　审	韦伟松	黄丹峻	
副主编	罗周萍	梁增师	刘海东
	黄红波	奉永文	梁田园
参　编	欧永灵	兰利元	韦　宁
	韦都衙	刘祯兴	苏红杏
	牙燕妮	葛裕群	梁　莹
	宋旭伟	樊　倩	陈　煜
	陆菲菲		

前言 Preface

教育的功能不仅仅是促进科技的进步和社会的发展，更主要的是使中华民族宝贵的精神财富得到传承和大力弘扬。在人心浮躁的年代，更应该从中华文明史料的瑰宝中汲取营养，感受“大漠孤烟直，长河落日圆”般大气磅礴、纵横开阖的恢弘气势和“明月松间照，清泉石上流”的雅致与恒静。

国学经典，博大精深，内涵丰富。它是古代先哲圣贤思想与智慧的结晶，是中华民族文化的瑰宝和立世之本。诵读经典，可以修养身心、丰富学识，使我们获得无限的智慧；诵读经典，可以引领我们去认识美、感知美、欣赏美，享受快乐人生；诵读经典，可以提升我们的境界，净化我们的心灵，锻造我们高尚的人格。

三字经，千字文，弟子规，唐诗宋词汉文章，在中华民族源远流长的崛起史中起着“润物细无声”的功用，曾经给无数的圣贤雅士、英雄豪杰支撑起铮铮铁骨、金戈铁马的信念，让他们在历史的长河中大浪淘沙，青史留名。他们书写了历史的脊梁，给后人留下了无尽的精神营养，让我们如饮甘露，沁入心脾。有关人生的理想和信念，以及对生活的积极态度，不完全是靠淳淳教导就能够完成人生完美的规划，还需要自己从浩如烟海的典籍长卷中去选择，去吸收，去发现关于美的审视和美的理想。

经典的育德价值自不待言，经典的文学魅力更是历久弥香。在当下网络文学、快餐文学大行于世的社会背景下，引领孩子们多读经典，不仅为他们学习祖国语言文字、丰富语言积累、提高文学修养奠定了基石，更可以让其强根固本，趋正避邪，从而使典范的、权威的、意蕴深远的文学语言成为他们一生中最本真的语言。因此，传承中国经典文化，在中职生中开展经典诵读，是十分必要的。

一本好书就是一个丰富多彩的人生世界，能够让我们感悟祖国语言的魅力，聆听历代圣贤关于做人、处事的语重心长的教诲，学到读书的方法和道理，欣赏到具有浓郁民族文化气息的风景和人物。“雅言传承文明，经典浸润人生。”让我们一起诵读经典吧，心情愉悦地读，酣畅淋漓地读，让经典成为我们的精神初乳，让经典成为我们的心灵家园，让经典伴随我们快乐成长。

本书在编写过程中引用了有关经典诗文的原文，参考了一些国内外专家、学者的研究成果，未能一一注明，特此说明，并向原文作者表示崇高的敬意和由衷的感谢。由于编者水平有限，本书纰漏或不当之处在所难免，敬请专家、同行和广大读者不吝赐教，以待我们日后修订完善。

目录 Contents

第一章　修　身　篇

第一课　朱子家训

导语

《朱子家训》又名《朱子治家格言》、《朱柏庐治家格言》，是以家庭道德为主的启蒙教材。《朱子家训》通篇意在劝人要勤俭持家、安分守己。讲中国几千年形成的道德教育思想，以名言警句的形式表达出来，可以口头传训，也可以写成对联条幅挂在大门、厅堂和居室，作为治理家庭和教育子女的座右铭，因此，很为官宦、士绅和书香门第乐道。自问世以来流传甚广，被历代士大夫尊为“治家之经”，清至民国年间一度成为童蒙必读课本之一。《朱子家训》全文仅 500 余字，精辟地阐明了修身治家之道，是一篇家教名著。其中，许多内容继承了中国传统文化的优秀特点，比如尊敬师长，勤俭持家，邻里和睦等，在今天仍然有现实意义，当然，其中封建性的糟粕也有不少。如对女性的某种偏见、迷信报应、自得守旧等，这是那个时代的历史局限，我们是不能苛求于前人的。

朱柏庐（1617—1688 年），原名朱用纯，字致一，自号柏庐，江苏省昆山县人，生于明万历四十五年（1617 年）。其父朱集璜是明末的学者。朱柏庐自幼致力读书曾考取秀才，志于仕途。清入关明亡遂不再求取功名，居乡教授学生并潜心程朱理学，主张知行并进，一时颇负盛名。康熙曾多次征召，然均为先生所拒绝。

朱子家训（节选）

清・朱柏庐

黎明即起，洒扫庭除[1]，要内外整洁；既昏便息，关锁门户，必亲自检点。
一粥一饭，当思来处不易；半丝半缕，恒念物力维艰。
宜未雨而绸缪[2]，毋临渴而掘井。
自奉必须俭约，宴客切勿流连。
器具质而洁，瓦缶[3]胜金玉；饮食约而精，园蔬愈珍馐[4]。
勿营华屋，勿谋良田。
祖宗虽远，祭祀不可不诚；子孙虽愚，经书不可不读。

【注释】

（1）庭除：庭院。这里有庭堂内外之意。

（2）未雨而绸缪（chóu móu）：天还未下雨，应先修补好屋舍门窗，喻凡事要预先做好准备。

（3）瓦缶（fǒu）：瓦制的器具。

（4）珍馐（xiū）：珍奇精美的食品。

【译文】

每天早晨黎明时就要起床，先用水来洒湿庭堂内外的地面然后扫地，使庭堂内外整洁；到了黄昏便要休息并亲自查看一下要关锁的门户。对于一顿粥或一顿饭，我们应当想着来之不易；对于衣服的半根丝或半条线，我们也要常念着这些物资的产生是很艰难的。凡事预先做好准备，例如，没到下雨的时候，就要先把房子修补完善，不要等到了口渴的时候，才开始掘井。自己生活上必须节约，聚会在一起吃饭切勿流连忘返。餐具质朴而干净，虽是用泥土做的瓦器，也比金玉制的好；食品少而精，虽是园里种的蔬菜，也胜于山珍海味。不要营造华丽的房屋，不要图买良好的田园。祖宗虽然离我们年代久远了，祭祀却仍要虔诚；子孙即使愚笨，教育也是不容怠慢的。

第二课　三字经

导语

《三字经》的内容分为六个部分，每一部分有一个中心。本课节选的部分从“人之初，性本善”到“人不学，不知义”，讲述的是教育和学习对儿童成长的重要性。后天教育及时，方法正确，可以使儿童成为有用之材；从“为人子，方少时”至“首孝悌，次见闻”，强调儿童要懂礼仪，要孝敬父母、尊敬兄长，并举了黄香和孔融的例子。《三字经》以三字为一句，二句押韵。语言平易浅近，无艰深、古奥、勉强拼凑之弊，便于记诵。其内容则广博丰富，堪称“传统文化小百科”。

《三字经》是中华民族珍贵的文化遗产，它短小精悍、琅琅上口，千百年来，家喻户晓。其内容涵盖了历史、天文、地理、道德，以及一些民间传说，所谓“熟读《三字经》，可知千古事”。基于历史原因，《三字经》难免含有一些精神糟粕、艺术瑕疵，但其独特的思想价值和文化魅力仍然为世人所公认，被历代中国人奉为经典并不断流传。

王应麟（1223—1296 年），南宋官员、学者。字伯厚，号深宁居士，又号厚斋。其为人正直敢言，屡次冒犯权臣而遭罢斥，后辞官回乡，专意著述二十年。一生著述颇富，计有二十余种、六百多卷，相传《三字经》为其所著。

三字经（节选）

南宋・王应麟

人之初，性本善，性相近，习相远[(1)]。苟不教，性乃迁，教之道，贵以专[(2)]。
昔孟母，择邻处，子不学，断机杼[(3)]。窦燕山，有义方，教五子，名俱扬[(4)]。
养不教，父之过，教不严，师之惰[(5)]。子不学，非所宜，幼不学，老何为[(6)]？
玉不琢，不成器，人不学，不知义[(7)]。为人子，方少时，亲师友，习礼仪[(8)]。
香九龄，能温席，孝于亲，所当执[(9)]。融四岁，能让梨，弟于长，宜先知[(10)]。
首孝悌，次见闻。知某数，识某文[(11)]。一而十，十而百。百而千，千而万[(12)]。

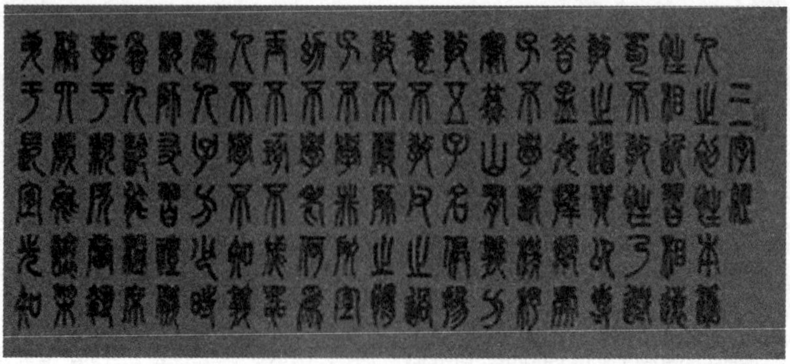

【译文】

（1）人之初，性本善。性相近，习相远。

人生下来的时候，禀性都是善良的，天性也都差不多，只是由于后天生活和所受教育的环境不一样，性情也就有了巨大的差别。

（2）苟不教，性乃迁。教之道，贵以专。

如果从小不好好教育，善良的本性就会变坏。为了使人不变坏，最重要的方法就是要专心一致地去教育孩子。

（3）昔孟母，择邻处。子不学，断机杼。

战国时，孟子的母亲曾三次搬家，是为了使孟子有个好的学习环境。一次孟子逃学，孟母就折断了织布的机杼来教育孟子。

（4）窦燕山，有义方。教五子，名俱扬。

五代时，燕山人窦禹钧教育儿子很有方法。他教育的五个儿子都很有成就，同时科举成名。

（5）养不教，父之过。教不严，师之惰。

仅仅是供养儿女吃穿，而不好好教育，是父母的过错。只是教育，但不严格要求就是做老师的懒惰了。

（6）子不学，非所宜。幼不学，老何为?

小孩子不肯好好学习，是很不应该的。一个人倘若小时候不好好学习，到老的时候既不懂做人的道理，又无知识，能有什么用呢？

（7）玉不琢，不成器。人不学，不知义。

玉不打磨雕刻，不会成为精美的器物；人若是不学习，就不懂得礼仪，不能成才。

（8）为人子，方少时。亲师友，习礼仪。

做儿女的，从小时候就要亲近老师和朋友，以便从他们那里学习到为人处事的礼节和知识。

（9）香九龄，能温席。孝于亲，所当执。

东汉人黄香，九岁时就知道孝敬父亲，替父亲暖被窝。这是每个孝顺父母的人都应该实行和效仿的。

（10）融四岁，能让梨。弟于长，宜先知。

汉代人孔融四岁时，就知道把大的梨让给哥哥吃，这种尊敬和友爱兄长的道理，是每个人从小就应该知道的。“弟”通“悌”，尊敬友爱。

（11）首孝悌，次见闻。知某数，识某文。

一个人首先要学的是孝敬父母和兄弟友爱的道理，其次是见多识广，并且要知道基本的算术，以及认识文字。

（12）一而十，十而百。百而千，千而万。

我国采用十进位算术方法：一到十是基本的数字，然后十个十是一百，十个一百是一千，十个一千是一万，依此类推。

第三课　长歌行

这首诗从“园中葵”说起，再用“水流到海不复回”打比方，说明光阴如流水，一去不再回。最后劝导人们要珍惜青春年华，发愤努力，不要等老了再后悔。这首诗借物言理，首先以园中的葵菜作比喻。“青青”喻其生长茂盛。其实在整个春天的阳光雨露之下，万物都在争相努力地生长。何以如此？因为它们都恐怕秋天很快地到来，深知草木凋零的道理。大自然的生命节奏如此，人生又何尝不是这样？一个人如果不趁着大好时光而努力奋斗，让青春白白地浪费，等到年老时后悔也来不及了。这首诗由眼前青春美景想到人生易逝，鼓励青年人要珍惜时光，出言警策，催人奋起。

乐府是自秦代以来设立的配置乐曲、训练乐工和采集民歌的专门官署、汉乐府指由汉时乐府机关所采制的诗歌。这些诗原本在民间流传，经由乐府保存下来，汉人称其“歌诗”，魏晋时始称“乐府”或称“汉乐府”。后世文人仿此形式所作的诗，亦称“乐府诗”。它是继《诗经》、《楚辞》而起的一种新诗体。

汉乐府民歌由杂言渐趋向五言，开拓叙事诗发展成熟的新阶段，是中国诗史五言诗体发展的一个重要阶段。

长歌行[1]

汉朝・佚名

青青园中葵[2]，朝露待日晞[3]。
阳春[4]布[5]德泽[6]，万物生光辉。
常恐秋节[7]至，焜黄[8]华[9]叶衰[10]。
百川东到海，何时复西归？
少壮不努力，老大徒伤悲。

【注释】

（1）长歌行：汉乐府曲调名。

（2）葵：冬葵，我国古代重要蔬菜之一，可入药。

（3）晞：天亮，引申为阳光照耀。

（4）阳春：温暖的春天。

（5）布：布施，给予。

（6）德泽：恩惠。

（7）秋节：秋季。

（8）焜黄：形容草木凋落枯黄的样子。

（9）华：同“花”。

（10）衰：为了押韵，这里可以按古音读作“cuī”。

第四课 弟子规

导语

入则孝为儒家经典《弟子规》中的选段，意思为：为人弟、为人子的人进家要孝顺父母。入则孝从如何对待父母的呼唤、命令、教育、责备，到如何让父母过得安稳、放心，如何关心、侍奉、劝谏父母，最后讲父母去世如何守丧之礼。作者通过很具体的日常琐事，教育弟子什么是孝顺，应如何孝顺。《弟子规》原名《训蒙文》，根据《论语》等经典编写而成，集孔孟等圣贤的道德教育之大成，提传统道德教育著作之纲领，是接受伦理道德教育的、养成有德有才之人的最佳读物。

李毓秀（1647—1729 年），字子潜，号采三。山西省新绛县龙兴镇周庄村人，生于清代顺治年间，卒于雍正年间，享年 83 岁。清初著名学者、教育家。平生只考中秀才，主要活动是教书。根据传统对童蒙的要求，也结合他自己的教书实践，写成了《训蒙文》，后来经过贾存仁修订，改名《弟子规》。

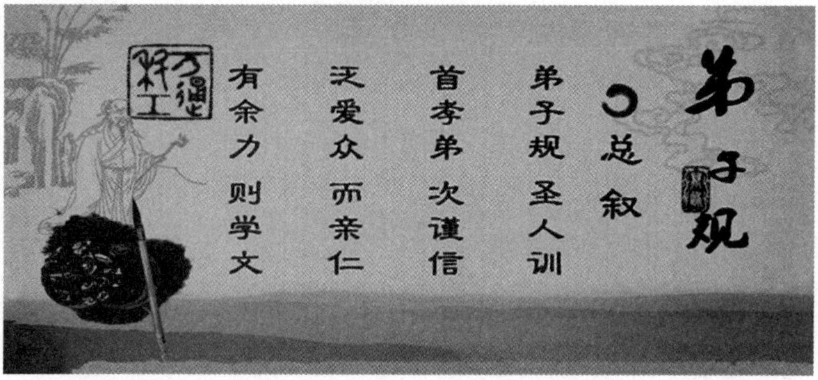

弟子规（入则孝）

清 • 李毓秀

父母呼　应勿缓　父母命　行勿懒[1]　父母教　须敬听　父母责　须顺承[2]
冬则温　夏则清　晨则省　昏则定[3]　出必告　反必面　居有常　业无变[4]
事虽小　勿擅为　苟擅为　子道亏[5]　物虽小　勿私藏　苟私藏　亲心伤[6]
亲所好　力为具　亲所恶　谨为去[7]　身有伤　贻亲忧　德有伤　贻亲羞[8]
亲爱我　孝何难　亲憎我　孝方贤[9]　亲有过　谏使更　怡吾色　柔吾声[10]
谏不入　悦复谏　号泣随　挞无怨[11]　亲有疾　药先尝　昼夜侍　不离床[12]
丧三年　常悲咽　居处变　酒肉绝[13]　丧尽礼　祭尽诚　事死者　如事生[14]

【译文】

（1）父母呼　应勿缓　父母命　行勿懒

父母呼唤，应及时应答，不要迟缓；父母交代的事情，要立刻动身去做，不可拖延或推辞偷懒。

（2）父母教　须敬听　父母责　须顺承

父母的教诲，应该恭敬地聆听；做错了事，受到父母的教育和责备时，应当虚心接受，不可强词夺理。

（3）冬则温　夏则清（qìng）晨则省（xǐng）昏则定

冬天寒冷时提前为父母温暖被窝；夏天酷热时提前帮父母把床铺扇凉。早晨起床后，先探望父母，向父母请安；晚上伺候父母就寝后，才能入睡（此处引用古代“二十四孝”中的黄香典故）。

（4）出必告　反必面　居有常　业无变

出门时，告诉父母去向；返家后，面告父母报平安。起居作息，要有规律；我们所居住的地方要固定，不要老搬家，职业也不要老更换。

（5）事虽小 勿擅为 苟擅为 子道亏

事情虽小，也不要擅自作主和行动；擅自行动造成错误，让父母担忧，有失做子女的本分。

（6）物虽小 勿私藏 苟私藏 亲心伤

公物虽小，也不要私自占为己有；如果私藏公物，缺失品德，就会让父母伤心。

（7）亲所好 力为具 亲所恶 谨为去

父母喜欢的事情，应该全力去做；父母厌恶的事情，要小心谨慎不要去做（包括自己的坏习惯）。

（8）身有伤 贻亲忧 德有伤 贻亲羞

自己的身体受到伤害，父母就会忧虑；做出伤风败德的事，双亲就会蒙受羞辱。

（9）亲爱我 孝何难 亲憎我 孝方贤

父母喜爱我们的时候，孝顺不是困难的事情；父母不喜欢我们或管教过于严厉的时候，孝顺父母才是难能可贵。

（10）亲有过 谏使更 怡吾色 柔吾声

父母有过错的时候，应小心劝导改过向善；劝导时要和颜悦色、态度诚恳。

（11）谏不入 悦复谏 号泣随 挞无怨

父母听不进去劝解，应该和颜悦色反复规劝；父母不听恳劝，我们虽难过地痛哭流涕，也要恳求父母改过。纵然遭遇到责打，也无怨无悔，以免陷父母于不义，铸成大错。

（12）亲有疾 药先尝 昼夜侍 不离床

父母亲生病时，要替父母先尝药的冷热和安全；要昼夜服侍，一刻不离开父母床前。

（13）丧三年 常悲咽 居处变 酒肉绝

父母去世之后，守孝三年，经常追思、感怀父母的养育之恩；生活起居要调整，不得追求享乐，要戒酒戒肉。

（14）丧尽礼 祭尽诚 事死者 如事生

办理父母的丧事要合乎礼节，不可铺张浪费；祭奠父母要诚心诚意，对待去世的父母，要像生前一样恭敬。

第五课 论语十则

《论语十则》第一、三则告诉了我们学习的方法：学习要按时复习，经常思考，从中获得新的见解与体会；第二则告诉我们为人处事的态度：替别人办事时要尽心尽力，和朋友交往要真诚；第四则告诉我们学习与思考的辩证关系，认为二者不可偏废；第五、六、七则告诉我们学习的态度：学习要保持良好的态度，不能不懂装懂，要向有才能的人学习他们的长处，反省自身缺点；第八、九、十则告诉我们修

身做人的道理：做人要胸怀宽广，意志坚定，推己及人，仁爱待人，要像松柏一样坚忍不拔，不要把自己的意愿强加给别人。《论语》深深地影响了我们的生活，其中所蕴含的丰富哲理启迪着我们的心灵。

孔子（公元前551—公元前479年），春秋末期思想家、政治家、教育家，儒学学派的创始人。因父母曾为生子而祷于尼丘山，故名丘，字仲尼。鲁国陬邑（今山东曲阜）人。曾修《诗》《书》，定《礼》《乐》，序《周易》，作《春秋》。孔子的思想及学说对后世产生了极其深远的影响。

论语十则

先秦·孔子

（一）

子曰："学而时习之，不亦说[1]乎？有朋自远方来，不亦乐乎？人不知而不愠[2]，不亦君子乎？"

——《学而》

（二）

曾子曰："吾日三省[3]吾身：为人谋而不忠[4]乎？与朋友交而不[5]乎？传不习乎？"

——《学而》

（三）

子曰："温故[6]而[7]知新，可以为师矣。"

——《为政》

（四）

子曰："学而不思则罔[8]，思而不学则殆[9]。"

——《为政》

（五）

子曰："由，诲女[10]知[11]之乎！知之为知之，不知为不知，是知也。"

——《为政》

（六）

子曰："见贤[12]思齐焉，见不贤而内自省也。"

——《里仁》

（七）

子曰："三人行，必有我师焉。择其善者而从之，其不善者而改之。"

——《述而》

（八）

曾子曰："士不可以不弘毅[13]，任重而道远。仁[14]以为己任，不亦重乎？死而后已，不亦远乎？"

——《泰伯》

（九）

子曰："岁寒，然后[15]知松柏之后凋也。"

——《子罕》

（十）

子贡问曰："有一言[16]而可以终身行之者乎？"子曰："其恕乎[17]！己所不欲，勿施于人。"

——《卫灵公》

【注释】

（1）说（yuè）：通假字，实意"悦"的古体字，愉快的意思。
（2）愠（yùn）：生气，发怒。
（3）三省（xǐng）：多次反省。
（4）忠：尽心尽力。
（5）信：诚信。
（6）故：旧的知识。
（7）而：连词，表顺承，就。
（8）罔（wǎng）：通"惘"，意思是感到迷茫而无所适从。
（9）殆（dài）：这里指有害。本意：危险。
（10）女：通假字"女"通"汝"，意为你。
（11）知（zhì）：通"智"，意为聪明，智慧。
（12）贤：德才兼备的人。
（13）弘毅：胸怀宽广，意志坚强。
（14）仁：这里指儒家的推己及人，仁爱待人的治国思想。

（15）然后（古今词）：然，后。意思是分开来解释的。然，这样。后，以后。

（16）一言：一个字。

（17）其恕乎：其：大概，也许。

【译文】

（一）孔子说："学习并且按时地去复习，不也很快乐吗？有志同道合的人从远方来，不也很高兴吗？别人不了解我，但我不生气，不也是道德上有修养的人吗？"

（二）曾子说："我每天多次地反省自己：替别人办事是不是尽心尽力呢？跟朋友交往是不是真诚，诚实呢？老师传授的知识是否复习过了呢？"

（三）孔子说："复习学过的知识，可从中获得新的见解与体会，凭借这点就可以当老师了。"

（四）孔子说："只学习却不思考，就会感到迷茫而无所适从，只是思考而不学习，就会疑惑而无所得。"

（五）孔子说："仲由啊，让为师教导你对待知与不知的态度吧！知道就是知道，不知道就是不知道，这才是聪明的。"

（六）孔子说："看见有才能的人（德才兼备的人）就向他学习，希望能向他看齐，看见不贤的人，就反省自己有没有和他一样的缺点，有要改正。"

（七）孔子说："几个人在一起行走，其中必定有可作为我的老师的人。要选择他们的长处来学习，如果看到他们的缺点要反省自身有无同样的缺点，若有，要加以改正。"

（八）曾子说："有抱负的人要胸怀宽广、意志坚定，因为他肩负着重大的使命（或责任），路途又很遥远。把实现'仁'治的理想看作自己的使命，不也很重大吗？直到死才停止，这不也是很遥远吗？"

（九）孔子说："直到每年中最寒冷的季节，才知道松柏是最后落叶的树木。"深刻含义：以松柏为喻，指人应当具备坚毅的品格，才经得住各种考验。

（十）子贡问道："有没有可以终身奉行的一个字呢？"孔子说："那大概就是'恕'字吧！自己不喜欢的东西，不想做的事不要强行加于别人身上。"

第六课　师　说

《师说》是韩愈散文中一篇重要的论说文。文章论点鲜明，结构严谨，正反对比，事实充分，说理透彻，气势磅礴，有极强的说服力和感染力。

《师说》先从历史事实“古之学者必有师”，老师能“传道受业解惑”，学者定会遇到疑难“人非生而知之者，孰能无惑”三个方面证明了从师学习的必要性和重要性。对于老师的年长年少，作者认为“无贵无贱，无长无少，道之所存，师之所存也”，明确了择师的标准。接着就从三个方面进行对比，抨击“耻学于师”的人。首先用古今对比，指出从师与不从师的两种结果；其次用人们对自己与对儿子的要求不同来对比，指出“士大夫之族”行为的自相矛盾；最后用“士大夫之族”与“巫医乐师百工之人”对比，揭露士大夫之族的错误想法，指出这是“师道不复”的真正原因。从后果、行为、心理等方面逐层深入分析，指出了他们在“从师”问题上的不同态度，点明了从师学习的重要。作者从“道之所存，师之所存”的择师标准出发，推论出“弟子不必不如师，师不必贤于弟子，闻道有先后，术业有专攻，如是而已”的论断。为了证明这一论断，作者选择了孔子的言行来作证。在当时人们的心中，孔子是圣人，圣人尚且如此，那一般人就更不必说了。而且作者虽只用了寥寥数语，而孔子的言行却写得具体，因而很有说服力。如此，文章以其鲜明的中心、清晰的层次、充分的说理体现了逻辑思维的严密。行文时用了大量排偶句式，大大增强了文章的气势。

韩愈（768—824 年），字退之。唐代文学家、哲学家。河南河阳（今河南孟县）人，世称韩昌黎，谥号“文”，又称韩文公。同柳宗元齐名，称为“韩柳”。他是唐代古文运动的倡导者，是唐宋八大家之首。

师　　说

唐・韩愈

古之学者必有师。师者，所以传道受业解惑[1]也。人非生而知之[2]者，孰能无惑？惑而不从师，其为惑也，终不解矣。生乎吾前，其闻[3]道也固先乎吾，吾从而师之；生乎吾后，其闻道也亦先乎吾，吾从而师之。吾师道也[4]，夫庸知其年之先后生于吾乎？是故[5]无贵无贱，无长无少，道之所存，师之所存也。

嗟乎！师道[6]之不传也久矣！欲人之无惑也难矣！古之圣人，其出人也远矣，犹且从师而问焉；今之众人[7]，其下圣人也亦远矣，而耻学于师。是故圣益圣，愚益愚[8]。圣人之所以为圣，愚人之所以为愚，其皆出于此乎？爱其子，择师而教之；于其身[9]也，则耻师[10]焉，惑矣[11]。彼童子之师，授之书而习其句读[12]者，非吾所谓传其道解其惑者也。句读之不知，惑之不解，或师焉，或不焉[13]，小学而大遗[14]，吾未见其明也。巫医乐师百工之人，不耻相师[15]。士大夫之族，曰师曰弟子云者，则群聚而笑之。问之，则曰：“彼与彼年相若[16]也，道相似也，位卑则足羞，官盛则近谀。”呜呼！师道之不复，可知矣。巫医乐师百工之人，君子不齿[17]，今其智乃反不能及，其可怪也欤[18]！

圣人无常师[19]。孔子师郯子、苌弘、师襄、老聃。郯子之徒，其贤不及孔子。孔子曰：三人行，则必有我师。是故弟子不必不如师，师不必贤于弟子，闻道有先后，术业有专攻[20]，如是而已。

李氏子蟠，年十七，好古文，六艺经传[21]皆通习之，不拘于时[22]，学于余。余嘉其能行古道[23]，作《师说》以贻[24]之。

【注释】

（1）受业解惑：传授道理、教授学业、解释疑难问题。

（2）生而知之：生下来就懂得道理。

（3）闻：知道，懂得的意思。

（4）吾师道也：我（是向他）学习道理。师，动词。

（5）是故：因此，所以。

（6）师道：从师的风尚。

（7）众人：一般人。

（8）圣益圣，愚益愚：圣人更加圣明，愚人更加愚昧。

（9）于其身：对于他自己。身，自己。

（10）耻师：以从师为耻。

（11）惑矣：（真）糊涂啊。

（12）授之书而习其句读（dòu）：之，指童子。其，指书。句读，一句话叫“句”，句子中间需要稍稍停顿的地方叫“读”。这里“句读”泛指文章的字句。

（13）或师焉，或不（fǒu）焉：有的从师，有的不（从师）。

（14）遗：丢弃。

（15）相师：拜人为师

（16）年相若：年龄差不多。相若，相似。

（17）不齿：不屑一提。意思是看不起。

（18）欤：表示感叹的语气助词，相当于“啊”。

（19）常师：固定的老师。

（20）术业有专攻：学问和技艺上（各）有（各的）专门研究。

（21）六艺经传（zhuàn）：六经的经文和传文。六艺，指《诗》《书》《礼》《乐》《易》《春秋》六种经书。

（22）不拘于时：不受时俗的限制。时，时俗，指当时士大夫中耻于从师的不良风气。

（23）古道：指古人从师之道。

（24）贻（yí）：赠送。

【译文】

古代求学的人一定有老师。老师（可以）传授道理、教授学业、解答疑难问题。人不是生下来就什么都懂的，谁能没有疑惑？（有了）疑惑，如果不跟从老师（学习），那些疑难问题就最终也不能解开了。生在我前面的人，他懂得道理本来就早于我，我（应该）跟从（他），把他当作老师；生在我后面的人，（如果）他懂得的道理也早于我，我（也应该）跟从（他），把他当作老师。我（是向他）学习道理啊，哪管他的生年比我早，还是比我晚呢？因此，无论地位高低贵贱，无论年纪大小，道理存在的地方，就是老师存在的地方。

唉，（古代）从师（学习）的风尚不流传已经很久了。人要想没有疑惑很难啊！古代的圣人，他们超出一般人很多，尚且跟从老师而请教；现在的一般人，他们（的才智）低于圣人很多，却以向老师学习为耻。因此圣人就更加圣明，愚人就更加愚昧。圣人之所以能成为圣人，愚人之所以能成为愚人，其差别大概就是出于此因吧？（人们）爱他们的孩子，就选择老师来教他，（但是）对于他自己呢，却以跟从老师（学习）为可耻，真是糊涂啊！那些孩子们的老师，是教他们读书，（帮助他们）学习断句的，不是我所说的能传授道理，解答疑难问题的老师。（一方面）不通晓句读，（另一方面）不能解决疑惑，不知（句读）会向老师讨教，句子、道理不理解了，反倒不问老师了；（这就是）在小的方面知道学习，大的方面反而放弃（不学），我没看出这种人是明智的。巫医乐师和各种工匠这些人，不以互相学习为耻。士大夫这类人，（听到）称“老师”称“弟子”的，就成群聚在一起讥笑人家。问他们（为什么讥笑），就说：“他和他年龄差不多，道德学问也差不多，（以）地位低（的人为师），就觉得羞耻，（以）官职高（的人为师），就近乎谄媚了。”唉！（古代那种）跟从老师学习的风尚不能恢复，（从这些话里就）可以明白了。巫医乐师和各种工匠这些人，君子们不屑一提，现在他们的见识竟反而赶不上（这些人），真是令人奇怪啊！

圣人没有固定的老师。孔子曾以郯子、苌弘、师襄、老聃为师。郯子这些人，他们的贤能都比不上孔子。孔子却说："几个人一起走，（其中）一定有（可以当）我的老师（的人）。"因此学生不一定不如老师，老师不一定比学生贤能，听到的道理有早有晚，学问技艺各有专长，如此罢了。

李家的孩子蟠，年龄十七，喜欢古文，精通六经，不受时俗的拘束，以我为榜样。我赞许他能够遵行古人（从师）的途径，写这篇《师说》来赠送他。

第七课 劝 学

《劝学》是荀子的代表作品，也是《荀子》一书开宗明义的第一篇。以"学不可以已"作为贯穿全文的中心思想，着重论述了学习的重要意义和应持的态度，提出了"青出于蓝而胜于蓝"的著名论断，总结出循序渐进、专心致志、持之以恒等学习经验。文章严谨细密，条理清晰，词汇丰富，用类比和引证的方式论述问题。善于通过比喻，将议论逐步引向深入，令人有应接不暇之感，有很强说理性，发人深思。

荀子（约公元前313—公元前238），名况，战国末期思想家，政治家。他对春秋以来的儒学有所继承，也有所修正，发展。倡导尊王道（霸力），崇礼仪（法治）。

劝学（节选）

先秦·荀子

君子曰：学不可以已。

青，取之于蓝而青于蓝；冰，水为之而寒于水。木直中绳[1]，輮[2]以为轮，其曲中规。虽有槁暴[3]，不复挺者，輮使之然也。故木受绳则直，金[4]就砺[5]则利，君子博学而日参[6]省乎己，则知明而行无过矣。

积土成山，风雨兴焉；积水成渊，蛟龙生焉；积善成德，而神明[7]自得，圣心备焉。故不积跬[8]步，无以至千里；不积小流，无以成江海。骐骥[9]一跃，不能十步；驽马十驾[10]，功在不舍。锲而舍之，朽木不折；锲而不舍，金石可镂。蚓无爪牙之利，筋骨之强，上食埃土，下饮黄泉，用心一也[11]。蟹六跪[12]而二螯，非蛇鳝之穴无可寄托者，用心躁也。

【注释】

（1）中（zhòng）绳：（木材）合乎拉直的墨线。木工用拉直的墨线来取直。

（2）輮（róu）：通“煣”，用火烤使木条弯曲（一种手工艺）。

（3）虽有（yòu）槁暴（gǎopù）：即使又被风吹日晒而干枯了。有，通“又”。槁，枯。暴，同“曝”，晒干。槁暴，枯干。

（4）金：指金属制的刀剑等

（5）就砺（lì）：拿到磨刀石上去磨。砺，磨刀石。就，动词，接近，靠近。

（6）参（cān）省（xǐng）乎己：对自己检查、省察。

（7）神明：精神智慧。

（8）跬（kuǐ）：古代的半步。古代称跨出一脚为“跬”，跨两脚为“步”。

（9）骐骥（jì）：骏马，千里马。

（10）驽马十驾：劣马拉车连走十天，（也能走得很远。）驽马，劣马。驾，马拉车一天所走的路程叫“一驾”。

（11）用心一也：（这是）因为用心专一（的缘故）。用，以，因为。

（12）六跪：跪，蟹脚。蟹实际上是八条腿。（一说，海蟹后面的两条腿只能划水，不能用来走路或自卫，所以不能算在“跪”里。另一说，“六”虚指。）

【译文】

君子说：学习是不可以停止的。

譬如靛青这种染料是从蓝草里提取的，然而却比蓝草的颜色更青；冰是冷水凝结而成的，然而却比水更寒冷。木材笔直，合乎墨线，但是用火萃取使它弯曲成车轮，那么木材的弯度就如圆规画的一般的标准了，即使又晒干了，也不会再挺直，这是由于用火萃取使它成为这样的。所以木材经墨线比量过就变得笔直，金属制的刀剑拿到磨刀石上去磨就能变得锋利，君子广博地学习，并且每天检验反省自己，那么他就会智慧明理并且行为没有过错了。

堆积土石成了高山，风雨就从这里兴起了；汇积水流成为深渊，蛟龙就从这里产生了；积累善行养成高尚的品德，自然会心智澄明，也就具有了圣人的精神境界。所以不积累一步半步的行程，就没有办法达到千里之远；不积累细小的流水，就没有办法汇成江河大海。骏马一跨跃，也不足十步远；劣马拉车走十天，（也能走很远，）它的成绩来源于走个不停。（如果）刻几下就停下来了，（那么）腐烂的木头也刻不断。（如果）不停地刻下去，（那么）金石也能雕刻成功。蚯蚓没有锐利的爪子和牙齿，也无强健的筋骨，却能向上吃到泥土，向下喝到土壤里的水，这是由于它用心专一啊。螃蟹有六条腿，两个蟹钳，（但是）如果没有蛇、鳝的洞穴，它就无处存身，这是因为它用心浮躁啊。

第八课　增广贤文

《增广贤文》的中心是讲人生哲学、处世之道，它以格言的形式讲述了对人际关系的看法，介绍了待人接物的经验。如“知己知彼，将心比心”、“相逢好似初相识，到老终无怨恨心”、“逢人且说三分话，未可全抛一片心”。一些关于社会、人生方面的内容，经过人世沧桑的千锤百炼，成为警世喻人的格言，如“易涨易退山溪水，易反易复小人心”、“画龙画虎难画骨，知人知面不知心”、“路遥知马力，日久见人心”。一些谚语、俗语总结了千百年来人们同自然斗争的经验，成为简明生动哲理式的科学知识，如“近水知鱼性，近山知鸟音”、“有意栽花花不发，无心插柳柳成荫”、“流水下滩非有意，白云出岫本无心”。同时，《增广贤文》打破了三言四言五言一种句式贯穿始终的限制，采用三言、四言、五言、六言、七言，长句和短句交错的杂言句式排列，灵活多变，当长则长，当短则短，只求对偶成句，不强求整齐划一，都押韵但换韵自由，视情况而定，不必如作诗般严谨，取其易于记诵即可，处处体现了自由活泼的特征。

《增广贤文》是中国明代时期编写的儒家儿童启蒙书目。又名《昔时贤文》《古今贤文》。《增广贤文》的内容大致有这样几个方面：一是谈人及人际关系，二是谈命运，三是谈如何处世，四是表达对读书的看法。《增广贤文》以有韵的谚语和文献佳句选编而成，其内容十分广泛。

增广贤文（节选）

明・佚名

观今宜鉴古，无古不成今。
知己知彼，将心比心[1]。
酒逢知己饮，诗向会人吟。
相识满天下，知心能几人？
相逢好似初相识，到老终无怨恨心[2]。
近水知鱼性，近山识鸟音。
易涨易退山溪水，易反易复小人心。
运去金成铁，时来铁似金[3]。
读书须用意，一字值千金。
逢人且说三分话，未可全抛一片心[4]。
有意栽花花不发，无心插柳柳成荫。
画龙画虎难画骨，知人知面不知心。
钱财如粪土，仁义值千金。
流水下滩非有意，白云出岫本无心[5]。
当时若不登高望，谁信东流海洋深？
路遥知马力，日久见人心。

【注释】

（1）知己知彼，将心比心。
知道自己怎么想的，也应该知道别人是怎样想的，所以要用自己的心，体谅别人的心，设身处地为别人着想。

（2）相逢好似初相识，到老终无怨恨心。

人和人之间的相逢应该总是如同初次见面似的，这样即使到老也不会产生怨恨之心。

（3）运去金成铁，时来铁似金。

运气差时金子可以变成铁，时来运转的时候铁也会变成金子。

（4）逢人且说三分话，未可全抛一片心。

与人说话只能说三分，不能把内心的想法全部吐露给别人。

（5）流水下滩非有意，白云出岫（xiù）本无心。

流水从滩头泻下来并非有意而为，白云从山峰间飘出来也是出于自然罢了。

第九课　告子章句下

孟子主张人性是善的，他认为人生而具有恻隐之心、羞恶之心、辞让之心、是非之心。只要不使这些“善心”丧失，就在道德方面具备“仁义礼智”，本文就是从这种理论出发，阐明了义重于生，义重于利和不义可耻的道理。提出“舍生取义”的主张。孟子认为，如果把生命看得比义更重要，就会做出各种不义的事情来。他对比了两种生死观，赞扬了那些重义轻生、舍生取义的人，斥责了那些苟且偷生，见利忘义的人，告诫人们要辨别义和利，不要失去“本心”。本文行文流畅，论证严密；引譬设喻，生动形象；排比铺陈，气势恢弘。

孟子（前 372—前 289 年），名轲，字子舆。战国时期鲁国人，鲁国庆父后裔。中国古代著名思想家、教育家，战国时期儒家代表人物。著有《孟子》一书。孟子继承并发扬了孔子的思想，成为仅次于孔子的一代儒家宗师，有“亚圣”之称，与孔子合称为“孔孟”。

第八节：鱼与熊掌，不可得兼

先秦·孟子

孟子曰：“鱼，我所欲也，熊掌亦我所欲也；二者不可得兼，舍鱼而取熊掌者也。生亦我所欲也，义亦我所欲也；二者不可得兼，舍生而取义者也。生亦我所欲，所欲有甚于生者，故不为苟得也；死亦我所恶，所恶有甚于死者，故患有所不辟[(1)]也。如使人所欲莫甚于生，则凡可以得生者，何不用也？使人之所恶莫甚于死者，则凡可以辟患者，何不为也？由是则生而有不用也，由是则可以辟患而有不为也。是故所欲有甚于生者，所恶有甚于死者。非独贤者有是心也，人皆有之，贤者能勿丧耳。一箪食，一豆[(2)]羹，得之则生，弗得则死，呼尔[(3)]而与之，行道之人弗受；蹴尔[(4)]而与之，乞人不屑也。万钟则不辨礼义而受之。万钟于我何加焉？为宫室之美、妻妾之奉、所识穷乏者得[(5)]我与？乡[(6)]为身死而不受，今为宫室之美为之；乡为身死而不受，今为妻妾之奉为之；乡为身死而不受，今为所识穷乏者得我而为之，是亦不可以已乎？此之谓失其本心。”

【注释】

（1）辟：同“避”。

（2）豆：古代盛羹汤的器具。

（3）呼尔：轻勇地呼喝。

（4）蹴尔：以脚践踏。

（5）得：通“德”，这里指以我为德，　即感激的意思。

（6）乡：同“向”，向来，一向，从前。

【译文】

鲜鱼，是我想要的东西；熊掌，也是我想要的东西。（如果）两样东西不能一齐得到，（只好）放弃鲜鱼而要熊掌。生命，也是我想要的；正义，也是我想要的。（如果）生命和正义不能够同时得到，（只好）牺牲生命来保住正义。生命本是我喜欢的，（可我）喜欢的东西还有比生命更重要的，所以（我）不肯干苟且偷生的事。死亡本是我厌恶的，（可我）厌恶的东西还有比死亡更厉害的，所以（遇到）灾祸也不躲避呀。如果人们想要的东西没有比生命更重要的，那么，一切保住生命的手段，哪有不采用的呢？如果人们厌恶的没有比死亡更厉害的，那么，一切可以避开祸患的事情，哪有不采用的呢？靠某种不义的手段就可以苟全生命，有的人却不肯采用。靠某种不义的门道就可以避免祸患，有的人却不肯去干。这样看来，喜欢的有比生命更重要的东西，厌恶的有比死亡更厉害的东西，不仅仅有道德的人有这种精神，每个人都有这种精神，不过有道德的人能够最终不丧失掉罢了。一碗米饭，一盅肉汤，得到这些就能活下去，得不到便饿死。（可是）恶声恶气地递给人家，（就是）过路的（饿汉）都不会接受；踩踏过才给人家，讨饭的叫化子也不屑看它一眼。有人对优厚的俸禄却不区别是否符合礼义就接受它。那优厚的俸禄对于我有什么好处呢？（只是）为了住宅的华丽，妻妾的侍奉和我所认识的贫困的人感激我吗？过去宁愿送命也不肯接受，今天（有人）为了住宅的华丽却去做这种事；过去宁可送命也不肯接受，今天（有人）为了妻妾的侍奉却去做这种事；过去宁可送命也不肯接受，今天（有人）为了所认识的贫困的人感激自己却去做这种事：这种不符合礼义的做法不是可以停止了吗？——这就叫做丧失了他的本性。

第十课　归园田居

这首诗以追悔开始，以庆幸结束，追悔自己“误落尘网”、“久在樊笼”的压抑与痛苦，庆幸自己终“归园田”、复“返自然”的惬意与欢欣，真切表达了诗人对污浊官场的厌恶，对山林隐居生活的无限向往与怡然陶醉。

这首诗最突出的是写景——描写田园风光运用白描手法远近景相交，有声有色；其次，诗中多处运用对偶句，如：“榆柳荫后檐，桃李罗堂前。”还有对比手法的运用，将“尘网”“樊笼”与“园田居”对比，从而突出诗人对官场的厌恶、对自然的热爱；再有语言明白清新，几如白话，质朴无华。这首诗呈现出一个完整的意境，诗的语言完全为呈现这意境服务，不求表面的好看，于是诗便显得自然。总之，这是经过艺术追求、艺术努力而达到的自然。

陶渊明（约365—427年），字元亮，（又一说名潜，字渊明）号五柳先生，私谥“靖节”，东晋末期南朝宋初期诗人、文学家、辞赋家、散文家。汉族，东晋浔阳柴桑人（今江西九江）。曾做过几年小官，后辞官回家，从此隐居，田园生活是陶渊明诗的主要题材，相关作品有《饮酒》《归园田居》《桃花源记》《五柳先生传》、《归去来兮辞》等。

归园田居·其一

魏晋·陶渊明

少无适俗[1]韵[2]，性本爱丘山。
误落尘网[3]中，一去三十年。
羁鸟[4]恋旧林，池鱼[5]思故渊。
开荒南野[6]际，守拙[7]归园田。
方宅[8]十余亩，草屋八九间。
榆柳荫[9]后檐，桃李罗[10]堂前。
暧暧[11]远人村，依依[12]墟里烟。
狗吠深巷中，鸡鸣桑树颠[13]。
户庭[14]无尘杂，虚室[15]有余闲。
久在樊笼[16]里，复得返自然[17]。

【注释】

（1）适俗：适应世俗。
（2）韵：本性、气质。
（3）尘网：指尘世，官府生活污浊而又拘束，犹如网罗。
（4）羁（jī）鸟：笼中之鸟。
（5）池鱼：池塘之鱼。
（6）野：一作“亩”。际：间。
（7）守拙（zhuō）：意思是不随波逐流，固守节操。
（8）方宅：宅地方圆。
（9）荫（yìn）：荫蔽。
（10）罗：罗列。
（11）暧暧（ài）：昏暗，模糊。
（12）依依：轻柔而缓慢的飘升。
（13）颠：通巅
（14）户庭：门庭。
（15）虚室：空室。
（16）樊（fán）笼：蓄鸟工具，这里比喻官场生活。
（17）返自然：指归耕园田。

【译文】

少小时就没有随俗气韵，自己的天性是热爱自然。
偶失足落入了仕途罗网，转眼间离田园已十余年。
笼中鸟常依恋往日山林，池里鱼向往着从前深渊。
我愿在南野际开垦荒地，保持着拙朴性归耕田园。
绕房宅方圆有十余亩地，还有那茅屋草舍八九间。
榆柳树荫盖着房屋后檐，争春的桃与李列满院前。
远处的邻村舍依稀可见，村落里飘荡着袅袅炊烟。
深巷中传来了几声狗吠，桑树顶有雄鸡不停啼唤。
庭院内没有那尘杂干扰，静室里有的是安适悠闲。
久困于樊笼里毫无自由，我今日总算又归返林山。

第十一课　赋得古原草送别

这首诗以草写离情，巧妙妥帖，用绵绵不尽的萋萋春草比喻充塞胸臆、弥漫原野的惜别之情，真正达到了情景交融，韵味无穷。这是咏物诗，也可作为寓言诗看。从全诗看，“野火烧不尽，春风吹又生”，以野草生生不息的哲理通融万物，耐人寻味。全诗章法谨严，用语自然流畅而又工整，写景抒情水乳交融，意境浑成，在“赋得体”中堪称绝唱。

白居易（772—846年），唐代诗人。字乐天，号香山居士。其先太原（今属山西）人，后迁下邽（guī）（今陕西渭南东北）。和元稹并称“元白”，和刘禹锡并称“刘白”，与李白、杜甫一起被后人并称为唐代“三大诗人”。晚年官至太子少傅，谥号“文”，世称白傅、白文公。在文学上积极倡导新乐府运动，主张文章合为时而著，诗歌合为事而作，写下了不少感叹时世、反映人民疾苦的诗篇，对后世颇有影响。所作《新乐府》《秦中吟》共60首，与杜甫的“三吏”“三别”同为著名“诗史”。

赋得[1]古原草送别

唐•白居易

离离[2]原上草，一岁一枯荣。
野火烧不尽，春风吹又生。
远芳[3]侵古道，晴翠[4]接荒城。
又送王孙[5]去，萋萋[6]满别情。

【注释】

（1）赋得：这是古代人学习作诗或文人聚会分题作诗或科举考试时命题作诗的一种方式，称为“赋得体”。

（2）离离：繁盛的样子。

（3）远芳：伸展到远处的草。

（4）晴翠：草原明丽翠绿。

（5）王孙：本指贵族后代，此指远方的友人。

（6）萋萋：草木茂盛的样子。

第十二课 爱莲说

导语

这篇文章可明显分为二部分：前一部分对莲花高洁的形象极尽铺排描绘之能事；第二部分则揭示了莲花的比喻义，分评三花，并以莲自况，抒发了作者内心深沉的慨叹。

作者借花喻人，托物言志，通过对莲花的描写和赞美，表明自己对美好理想的憧憬，对高尚情操的崇奉，对庸劣世态的憎恶。文章运用对比、反衬的手法，以菊、牡丹反衬出莲的美；以菊的隐逸，牡丹的富贵，与莲的高洁进行对比，从而使“爱莲”这一主题得以加深。这一篇小品文文字清新，思想深邃，富有哲理。虽然只有 119 字，但其主题突出、深刻博大、含蓄、意味深长，对提升人的思想境界、文化品位、道德水准、价值取向都具有巨大的意义，对了解人的生命价值具有深刻的启迪作用。

周敦颐（1017—1073 年），又名周元皓，原名周敦实，字茂叔，谥号元公，北宋道州营道楼田堡（今湖南省道县）人。因定居庐山时为纪念家乡而给住所旁的一条溪水命名为濂溪，并给自己的书屋命名为濂溪书堂并终老于庐山濂溪，所以号濂溪先生。曾任江南东道南康军刑狱。文学家，哲学家，是宋朝儒家理学思想的开山鼻祖，著有《周元公集》《爱莲说》《太极图说》《通书》（后人整编进《周元公集》）。

爱莲说[1]

宋·周敦颐

水陆草木之花，可爱者甚蕃[2]。晋陶渊明独爱菊。自李唐[3]来，世人甚爱牡丹。予独[4]爱莲之出淤泥[5]而不染[6]，濯[7]清涟[8]而不妖[9]，中通[10]外直[11]，不蔓不枝[12]，香远益清，亭亭净植[13]，可远观而不可亵[14]玩焉[15]。

予谓菊，花之隐逸者[16]也；牡丹，花之富贵者也；莲，花之君子者也。噫[17]！菊之爱，陶后鲜有闻。莲之爱，同予者何人？牡丹之爱，宜乎[18]众矣。

【注释】

（1）说：一种议论文的文体，可以直接说明事物或论述道理，也可以借人、借事或借物的记载来论述道理。

（2）蕃：多。

（3）李唐：指唐朝。唐朝皇帝姓李所以称为“李唐”。

（4）独：只，仅仅。

（5）淤（yū）泥：污泥。

（6）染：沾染（污秽）。

（7）濯（zhuó）：洗涤。

（8）清涟（lián）：水清而有微波，这里指清水。

（9）妖：美丽而不端庄。

（10）通：贯通；通透。

（11）中通外直：（它的茎）内空外直。
（12）不蔓（màn）不枝：不生蔓，不长枝。
（13）亭亭净植：笔直地洁净地立在那里。亭亭：耸立的样子。
（14）亵（xiè）：亲近而不庄重。
（15）焉：句末语气词，这里指当于现代汉语的“啊”“呀”，助词。
（16）隐逸者：指隐居的人。
（17）噫：感叹词，相当于现在的“唉”。
（18）宜乎：当然（应该）。

【译文】

水上、陆地上各种草本木本的花，值得喜爱的非常多。晋代的陶渊明唯独喜爱菊花。从李氏唐朝以来，世人大多喜爱牡丹。我唯独喜爱莲花，因其从积存的淤泥中长出却不被污染，经过清水的洗涤却不显得妖艳。（它的茎）中间贯通外形挺直，不牵牵连连也不枝枝节节，香气传播更加清香，笔直洁净地竖立在水中。（人们）可以远远地观赏（莲），而不可轻易地玩弄它啊。

我认为菊花，是花中的隐士；牡丹，是花中的富贵者；莲花，是花中（品德高尚）的君子。啊！（对于）菊花的喜爱，陶渊明以后就很少听到了。（对于）莲花的喜爱，像我一样的还有什么人呢？（对于）牡丹的喜爱，人数当然就很多了！

第十三课　卜算子·咏梅

《卜算子·咏梅》一词以物喻人，托物言志，巧借饱受摧残、花粉犹香的梅花，寄托作者生则高洁，死亦留芳的人生追求；而梅花那种寂寞凄凉，屡受摧残的遭遇，也正是作者政治上备受排挤的写照。陆游以他饱满的爱国热情，谱写了一曲曲爱国主义诗篇，激励了并激励着一代又一代人，真可谓“双鬓多年作雪，寸心至死如丹”。

作者在此词中抒发了自己报国无门的苦闷和强烈的爱国主义情感，此首《咏梅》当为宋代咏梅诗词中的杰作。另外，此诗词言语朴实深沉，明白流畅，更实践了他琢雕自是文章病，奇险尤伤骨气多的文学主张。

陆游（1125—1210年），字务观，号放翁，汉族，越州山阴（今绍兴）人，南宋文学家、史学家、爱国诗人。

嘉泰二年（1202年），宋宁宗诏陆游入京，官至宝章阁待制。书成后，陆游长期蛰居山阴，嘉定二年（1210年）与世长辞，留绝笔《示儿》。

陆游一生笔耕不辍，诗词文俱有很高成就，其诗语言平易晓畅、章法整饬谨严，兼具李白的雄奇奔放与杜甫的沉郁悲凉，尤以饱含爱国热情对后世影响深远。陆游亦有史才，他的《南唐书》，“简核有法”，史评色彩鲜明，具有很高的史料价值。

卜算子[1]·咏梅

宋·陆游

驿外[2]断桥[3]边，寂寞[4]开无主[5]。
已是黄昏独自愁，更著[6]风和雨。
无意[7]苦争春[8]，一任群芳妒[9]。
零落[10]成泥碾[11]作尘[12]，只有香如故[13]。

【注释】

（1）卜（bǔ）算子：是词牌名。

（2）驿（yì）外：指荒僻、冷清之地。驿：驿站，供驿马或官吏中途休息的专用建筑。

（3）断桥：残破的桥。

（4）寂寞：孤单冷清。

（5）无主：自生自灭，无人照管和玩赏。

（6）更著：又遭到。更：副词，又，再。

（7）无意：不想，没有心思。

（8）争春：与百花争奇斗艳。此指争权。

（9）妒（dù）：嫉妒。

（10）零落：凋谢，陨落。

（11）碾（niǎn）：轧烂，压碎。
（12）作尘：化作灰土。
（13）香如故：香气依旧存在。

【译文】

驿站之外的断桥边，梅花孤单寂寞地绽开了花，无人过问。暮色降临，梅花无依无靠，已经够愁苦了，却又遭到了风雨的摧残。

梅花并不想费尽心思去争艳斗宠，对百花的妒忌与排斥毫不在乎。即使凋零了，被碾作泥土，又化作尘土了，梅花依然和往常一样散发出缕缕清香。

第十四课　将进酒

这首诗非常形象地表现了李白桀骜不驯的性格：一方面对自己充满自信，孤高自傲；一方面在政治前途出现波折后，又流露出人生几何，及时行乐之情。在这首诗里他表示对富贵、圣贤的藐视。而在豪饮行乐中，实则深含怀才不遇之情。全诗气势豪迈，感情奔放，语言流畅，具有很强的感染力。李白借酒浇愁，“借题发挥”，抒发自己的愤激情绪。

《将进酒》篇幅不算长，却五音繁会，气象不凡。它笔酣墨饱，情极悲愤而作狂放，语极豪纵而又沉着。诗句长短不一、参差错杂、节奏快慢多变、一泻千里，艺术成就很高。

李白（701—762 年），字太白，号青莲居士，又号“谪仙人”，是唐代伟大的浪漫主义诗人，被后人誉为“诗仙”，与杜甫并称为“李杜”，其人爽朗大方，爱饮酒作诗，喜交友。

李白深受黄老列庄思想影响，有《李太白集》传世。诗作中多以醉时所作，代表作有《望庐山瀑布》《行路难》《蜀道难》《将进酒》《梁甫吟》《早发白帝城》等多首。

将进酒[1]

唐·李白

君不见[2]，黄河之水天上来，奔流到海不复回。
君不见，高堂[3]明镜悲白发，朝如青丝暮成雪。
人生得意须尽欢，莫使金樽空对月。
天生我材必有用，千金散尽还复来。
烹羊宰牛且为乐，会须[4]一饮三百杯。
岑夫子[5]，丹丘生，将进酒，杯莫停。
与君歌一曲，请君为我倾耳听。
钟鼓[6]馔玉不足贵，但愿长醉不复醒。
古来圣贤皆寂寞，惟有饮者留其名。
陈王[7]昔时宴平乐，斗酒十千恣欢谑[8]。
主人何为言少钱，径须[9]沽取对君酌。
五花马[10]，千金裘，呼儿将出换美酒，与尔同销万古愁。

【注释】

（1）将进酒：属乐府旧题。将（qiāng）：请。

（2）君不见：乐府中常用的一种夸语。天上来：黄河发源于青海，因那里地势极高，故称。

（3）高堂：高大的厅堂。青丝：黑发。

（4）会须：正应当。

（5）岑夫子：岑勋。丹丘生：元丹丘。二人均为李白的好友。

（6）钟鼓：富贵人家宴会中奏乐使用的乐器。馔（zhuàn）玉：形容食物如玉一样精美。

（7）陈王：指陈思王曹植。平乐：观名。在洛阳西门外，为汉代富豪显贵的娱乐场所。恣：纵情任意。

（8）谑（xuè）：戏。

（9）径须：干脆，只管。沽：买。

（10）五花马：指名贵的马。一说毛色作五花纹，一说颈上长毛修剪成五瓣。

【译文】

你难道看不见那黄河之水从天上奔腾而来，波涛翻滚直奔东海，从不再往回流。

你难道看不见那年迈的父母，对着明镜悲叹自己的白发，早晨还是满头的黑发，怎么才到傍晚就变成了雪白一片。

（所以）人生得意之时就应当纵情欢乐，不要让这金杯无酒空对明月。

每个人的出生都一定有自己的价值和意义，黄金千两（就算）一挥而尽，它也还是能够再得来。

我们烹羊宰牛姑且作乐，（今天）一次性痛快地饮三百杯也不为多！

岑夫子，丹丘生啊！快喝酒吧！不要停下来。

让我来为你们高歌一曲，请你们为我倾耳细听：

整天吃山珍海味的豪华生活有何珍贵，只希望醉生梦死而不愿清醒。

自古以来圣贤无不是冷落寂寞的，只有那会喝酒的人才能够留传美名。

陈王曹植当年宴设平乐观的事迹你可知道，斗酒万千也豪饮，让宾主尽情欢乐。

主人呀，你为何说钱不多？只管买酒来让我们一起痛饮。

那些什么名贵的五花良马，昂贵的千金狐裘，把你的小儿喊出来，都让他拿去换美酒来吧，让我们一起来消除这无穷无尽的万古长愁！

第十五课　无　　题

这是一首感情深挚、缠绵委婉、咏叹忠贞爱情的诗篇。诗人情真意切而又含蓄蕴藉地写出了浓郁的离别之恨和缠绵的相思之苦。首联是极度相思而发出的深沉感叹，在聚散两依依中突出别离的苦痛；颔联接着写因为“相见时难”而“别亦难”的感情，表现得更为曲折入微；颈联从诗人体贴关切的角度推测想象出对方的相思之苦；尾联，想象愈具体，思念愈深切，便愈会燃起会面的渴望。它们从不同的方面反复表现着融贯全诗的复杂感情，同时又以彼此之间的密切衔接而纵向地反映以这种复杂感情为内容的心理过程。诗中的抒情连绵往复，细微精深，哀婉动人。

李商隐（约813—约858年），字义山，号玉溪（谿）生，又号樊南生，祖籍怀州河内（今河南焦作沁阳），晚唐著名诗人，和杜牧合称“小李杜”，与温庭筠合称为“温李”。李商隐是晚唐乃至整个唐代，为数不多的刻意追求诗美的诗人。他擅长诗歌写作，骈文文学价值也很高。其诗构思新奇，风格秾丽，尤其是一些爱情诗和无题诗写得缠绵悱恻，优美动人，广为传诵。

无　题

唐·李商隐

相见时难别亦难，东风[(1)]无力百花残。
春蚕到死丝方尽，蜡炬[(2)]成灰泪[(3)]始干。
晓[(4)]镜[(5)]但愁云鬓[(6)]改，夜吟[(7)]应觉月光寒。
蓬山[(8)]此去无多路，青鸟[(9)]殷勤[(10)]为探看[(11)]。

【注释】

（1）东风：春风。
（2）蜡炬：蜡烛。蜡烛燃烧时流下的蜡油称烛泪。
（3）泪：指燃烧时的蜡烛油，隐喻相思泪水。
（4）晓：早晨。
（5）镜：照镜，用作动词。
（6）云鬓：青年女子的头发，代指青春年华。
（7）夜吟：夜晚吟诗。
（8）蓬山：指海上仙山蓬莱山。比喻被思念者住的地方。
（9）青鸟：传说中西王母的使者，有意为情人传递消息。
（10）殷勤：情谊深厚。
（11）看：探望。

【译文】

见面的机会真是难得，分别时更是难舍难分，况且又兼东风将收的暮春天气，百花残谢，更加使人伤感。

春蚕结茧到死时丝才吐完，蜡烛要燃尽成灰时像泪一样的蜡油才能滴干。

女子早晨妆扮照镜，只担忧浓密如云的鬓发改变颜色，容颜老去。男子晚上长吟不寐，必然感到冷月侵人。

对方的住处就在不远的蓬莱山，却无路可通，可望而不可及。希望有青鸟一样的使者殷勤地为我去探看情人。

第十六课 黄鹤楼

导语

这首诗通过诗人在仕途失意之际来游黄鹤楼的所忆所见，借神话传说“黄鹤一去不返，空留悠悠白云”，表现人生有限，宇宙无穷的思想，抒发了吊古伤今之感和游子的乡愁。

该诗在整体上给人以大气磅礴、一气呵成的感觉。诗人将思念亲人的狭义乡愁与心系天下苍生的广义乡愁有机结合，把乡愁情怀抒发得波澜壮阔、豪迈昂扬，使得本篇的韵味和风骨跨上了同类诗作的峰巅，成为被后人推为唐朝七律诗中的第一佳作。

崔颢（hào）（704—754年），汴州（今河南开封市）人，唐代诗人。唐开元年间进士，官至太仆寺丞，天宝中为司勋员外郎。他秉性耿直，才思敏捷，其作品激昂豪放，气势宏伟，著有《崔颢集》，但他宦海浮沉，终不得志。《唐诗三百首》是后人对唐诗进行甄选的选集，就将崔颢这首诗列为七律诗中的第一首。

黄鹤楼

唐・崔颢

昔人(1)已乘(2)黄鹤去(3)，此地空(4)余黄鹤楼。
黄鹤一去不复返(5)，白云千载空悠悠(6)。
晴川(7)历历(8)汉阳树，芳草萋萋(9)鹦鹉洲。
日暮乡关(10)何处是？烟波(11)江上使人愁。

【注释】

（1）昔人：指传说中的仙人子安。
（2）乘：驾。
（3）去：离开。

（4）空：只。
（5）返：通返，返回。
（6）悠悠：飘荡的样子。
（7）川：平原。
（8）历历：清楚可数。
（9）萋萋：形容草木长得茂盛。
（10）乡关：故乡家园。
（11）烟波：暮霭沉沉的江面。

第十七课　大道之行也

文章出自于《礼纪》。本文表达的是孔子在战乱非常多的春秋时期，迫切希望有一个太平盛世的出现，他认为在大道施行的时候，定能形成一个“天下为公，选贤举能，讲信修睦”的一个“大同”社会，但在当时的战乱时期下是不可能的。第一层：（第一句话）对“大同”社会的纲领性说明；第二层：（第二至三句话）大同社会的基本特征：人人都能得到社会的关爱，人人都能安居乐业，货尽其用，人尽其力；第三层：（第四句话）全文的总结语用现实社会跟理想社会中的“大同”社会做对比，指出现实社会中的诸多黑暗现象，在“大同”社会中将不复存在，取代的将是“外户而不闭”的和平、安定的局面。

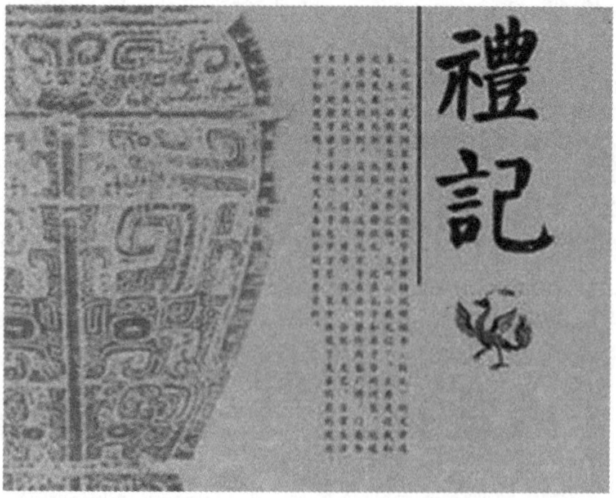

《礼记》又名《小戴礼记》、《小戴记》，据传为西汉礼学家戴圣所编，是中国古代一部重要的典章制度选集，共二十卷四十九篇，主要记载了先秦的礼制，体现了先秦儒家的哲学思想（如天道观、宇宙观、人生观）、教育思想（如个人修身、教育制度、教学方法、学校管理）、政治思想（如以教化政、大同社会、礼制与刑律）、美学思想（如物动心感说、礼乐中和说），是研究先秦社会的重要资料，是一部儒家思想的资料汇编。

大道[1]之行也

西汉·戴圣

大道之行也，天下为公，选贤与能[2]，讲信修睦[3]。故人不独亲其亲[4]，不独子其子，使老有所终，壮有所用，幼有所长，矜、寡、孤、独、废疾者[5]皆有所养，男有分[6]，女有归[7]。货恶其弃于地也，不必藏于己[8]；力恶其不出于身也，不必为己。是故[9]谋闭而不兴[10]，盗窃乱贼而不作[11]，故外户而不闭[12]，是谓大同[13]。

【注释】

（1）大道：古代指政治上的最高理想。

（2）选贤与（jǔ）能：把品德高尚的人、能干的人选拔出来。与，通“举”，推举，选举。

（3）讲信修睦（mù）：讲求诚信，培养和睦（气氛）。

（4）亲其亲：第一个亲，名词的意动用法，以……为亲人；第二个亲，父母。

（5）矜（guān）、寡、孤、独、废疾者：矜，老而无妻的人。矜，通“鳏”。寡，老而无夫的人。孤，幼而无父的人。独，老而无子的人。废疾，残疾人。

（6）男有分（fèn）：男子有职务。分，职分，指职业、职守。

（7）归：指女子出嫁。

（8）货恶（wù）其弃于地也，不必藏于己：对于不义之财，人们憎恶它便扔在地上，不要自己私藏。恶（wù），憎恶。藏：私藏。

（9）是故：因此，所以，这样一来。

（10）谋闭而不兴：奸邪之谋不会发生。闭，杜绝。兴，发生。

（11）盗窃乱贼而不作：盗窃、造反和害人的事情不发生。乱，指造反。贼，指害人。作，兴起。

（12）闭：用门闩插门。

（13）谓大同：谓，是。大同，指理想社会。同，有和平的意思。

【译文】

在大道施行的时候，天下是人们所共有的。将品德高尚的人、能干的人选拔出来，（社会）讲求诚信，培养和睦（气氛）。所以人们不单奉养自己的父母，不单抚育自己的子女，要使老年人能终其天年，中年人能为社会效力，幼童能顺利地成长，使老而无妻的人、老而无夫的人、幼年丧父的孩子、老而无子的人、残疾人都能得到供养。男子有职务，女子有归宿。对于不义之财，人们憎恶它便扔在地上，不要自己私藏；人们都愿意为公众之事竭尽全力，而不一定为自己谋私利。因此奸邪之谋不会兴起，盗窃、造反和害人的事情不会发生。所以大门都不用关上了，这叫做理想社会。

第十八课　兰亭集序

晋穆帝永和九年（353 年）农历三月初三，“初渡浙江有终焉之志”的王羲之，曾在会稽山阴的兰亭（今绍兴城外的兰渚山下），与名流高士谢安、孙绰等四十一人举行风雅集会。与会者临流赋诗，各抒怀抱，抄录成集，大家公推此次聚会的召集人，德高望重的王羲之写一序文，记录这次雅集，即《兰亭集序》。

王羲之（303 年—361 年，一作 321 年—379 年），字逸少，东晋时期著名书法家，有“书圣”之称。其书法兼善隶、草、楷、行各体，精研体势，心摹手追，广采众长，备精诸体，冶于一炉，摆脱了汉魏笔风，自成一家，影响深远。风格平和自然，笔势委婉含蓄，遒美健秀。代表作《兰亭序》被誉为“天下第一行书”。在书法史上，他与其子王献之合称为“二王”。

兰亭集序

魏晋·王羲之

永和[1]九年，岁在癸丑，暮春[2]之初，会[3]于会稽[4]山阴[5]之兰亭，修禊事也[6]。群贤[7]毕至[8]，少长[9]咸[10]集。此地有崇山峻岭[11]，茂林修竹[12]，又有清流激湍[13]，映带左右[14]，引以为流觞曲水[15]，列坐其次[16]。虽无丝竹管弦之盛[17]，一觞一咏[18]，亦足以畅叙幽情[19]。

是日也[20]，天朗气清，惠风[21]和畅[22]。仰观宇宙之大，俯察品类之盛[23]，所以[24]游目骋[25]怀，足以极[26]视听之娱，信[27]可乐也。

夫人之相与，俯仰一世[28]。或取诸[29]怀抱，悟言[30]一室之内；或因寄所托，放浪形骸之外[31]。虽趣舍万殊[32]，静躁[33]不同，当其欣于所遇，暂[34]得于己，快然自足[35]，不知老之将至[36]；及其所之既倦[37]，情随事迁[38]，感慨系之[39]矣。向[40]之所欣，俯仰之间，已为陈迹[41]，犹不能不以之兴怀[42]，况修短随化[43]，终期[44]于尽！古人云："死生亦大矣[45]。"岂不痛哉！

每览昔人兴感之由，若合一契[46]，未尝不临文嗟悼[47]，不能喻[48]之于怀。固知一死生为虚诞，齐彭殇为妄作[49]。后之视今，亦犹今之视昔，悲夫！故列叙时人[50]，录其所述[51]，虽世殊事异，所以兴怀，其致一也[52]。后之览者[53]，亦将有感于斯文[54]。

【注释】

（1）永和：东晋皇帝司马聃（晋穆帝）的年号，从公元345—356年共12年。永和九年上巳节，王羲之与谢安，孙绰等41人。举行禊礼，饮酒赋诗，事后将作品结为一集，由王羲之写了这篇序总述其事。

（2）暮春：阴历三月。暮，晚。

（3）会：集会。

（4）会稽（kuài jī）：郡名，今浙江绍兴。

（5）山阴：当时的县名。

（6）修禊（xì）事也：（为了）做禊事。禊：一种祭礼。古时以三月上旬的巳日（魏以后定为三月三日）为修禊日。禊事：古代的一种风俗，三月三日人们到水边洗濯，嬉游，以祈福消灾。

（7）群贤：诸多贤士能人。指谢安等三十二位社会的名流。贤：形容词做名词。

（8）毕至：全到。毕，全、都。

（9）少长：如王羲之的儿子王凝之、王徽之是少；谢安、王羲之等是长。

（10）咸：都。

（11）崇山峻岭：高峻的山岭。

（12）修竹：高高的竹子。修，高高的样子。

（13）激湍（tuān）：流势很急的水。

（14）映带左右：辉映围绕在亭子的周围。映带，映衬、围绕。

（15）流觞（shāng）曲（qū）水：用漆制的酒杯盛酒，放入弯曲的水道中任其飘流，杯停在某人面前，某人就引杯饮酒。这是古人一种劝酒取乐的方式。流，使动用法。曲水，引水环曲为渠，以流酒杯。

（16）列坐其次：列坐在曲水之旁。列坐，排列而坐。次，旁边。

（17）丝竹管弦之盛：演奏音乐的盛况。盛，盛大。

（18）一觞一咏：喝着酒作着诗。

（19）幽情：幽深内藏的感情。

（20）是日也：这一天。

（21）惠风：和风。

（22）和畅，缓和。

（23）品类之盛：万物的繁多。品类，指自然界的万物。

（24）所以：用来。

（25）骋（chěng）：放开，敞开。

（26）极：穷尽。

（27）信：实在。

（28）夫人之相与，俯仰一世：人与人相交往，很快便度过一生。夫，句首发语词，不译。相与，相处、相交往。俯仰，表示时间的短暂。

（29）取诸：取之于，从……中取得。

（30）悟言：面对面的交谈。悟，通“晤”，面对面。

（31）因寄所托，放浪形骸之外：就着自己所爱好的事物，寄托自己的情怀，不受约束，放纵无羁的生活。因，依、随着。寄，寄托。所托，所爱好的事物。放浪，放纵、无拘束。形骸，身体、形体。

（32）趣（qū）舍万殊：各有各的爱好，取舍各不相同。趣舍，即取舍，爱好。趣，通“取”。万殊，千差万别。

（33）静躁：安静与躁动。

（34）暂：短暂，一时。

（35）快然自足：感到高兴和满足。

（36）不知老之将至：（竟）不知道衰老将要到来。语出《论语·述而》：“其为人也，发愤忘食，乐以忘忧，不知老之将至云尔。”一本有“曾”在句前。

（37）所之既倦：（对于）所喜爱或得到的事物已经厌倦。之，往、到达。

（38）情随事迁：感情随着事物的变化而变化。迁，变化。

（39）感慨系之：感慨随着产生。系，附着。

（40）向：过去、以前。

（41）陈迹：旧迹。

（42）以之兴怀：因它而引起心中的感触。以，因。之，指“向之所欣……以为陈迹”。兴，发生、引起。

（43）修短随化：寿命长短，听凭造化。化，自然。

（44）期：至，及。

（45）死生亦大矣：死生是一件大事啊。语出《庄子·德充符》。

（46）契：符契，古代的一种信物。在符契上刻上字，剖而为二，各执一半，作为凭证。

（47）临文嗟（jiē）悼：读古人文章时叹息哀伤。临，面对。

（48）喻：明白。

（49）固知一死生为虚诞，齐彭殇为妄作：本来知道把死和生等同起来的说法是不真实的，把长寿和短命等同起来的说法是妄造的。固，本来、当然。一，把……看作一样；齐，把……看作相等，都用作动词。虚诞，虚妄荒诞的话。殇，未成年死去的人。妄作，妄造、胡说。一生死，齐彭殇，都是庄子的看法。出自《齐物论》。

（50）列叙时人：一个一个记下当时与会的人。

（51）录其所述：录下他们作的诗。

（52）其致一也：人们的思想情趣是一样的。

（53）后之览者：后世的读者。

（54）斯文：这次集会的诗文。

【译文】

永和九年，是癸丑之年，阴历三月初，（我们）会集在会稽山阴的兰亭，是为了从事修禊祭礼。众多贤才都汇聚在这里，年长的年少的都聚集在一起。兰亭这地方有高峻的山峰，高大茂密的竹林。又有清澈湍急的溪流，（如同青罗带一般）环绕在亭子的四周，（我们）引（清流激湍）来作为流觞的曲水，列坐在曲水旁边。虽然没有演奏音乐的盛况，（但）喝点酒，作点诗，也足以令人抒发内心深处的情意。这一天，晴明爽朗，春风和暖畅快。向上看，天空广大无边，向下看，地上事物如此繁多，借以纵展眼力，开畅胸怀，尽情地享受视听的乐趣，实在是快乐呀！

人们彼此交往，很快便度过一生。有时把自己的志趣抱负，在室内畅谈自己的胸怀抱负；有时就着自己所爱好的事物，寄托自己的情怀，不受任何拘束，放纵无羁地生活。虽然各有各的爱好，取舍爱好各不相同，安静与躁动不同，（可是）当他们对所接触的事物感到高兴时，一时感到自得，感到高兴和自足，不觉得老年即将到来；等到（对于）那些所得到的东西已经厌倦，感情随着事物的变化而改变，感慨随着而产生。过去感到高兴的事，转眼之间成为旧迹，仍然不能不因它引起心中的感触，何况寿命的长短，听凭造化，最终归结于消亡！古人说："死生也是一件大事。"怎么能不悲痛呢？

每当看到古人（对死生的大事）发生感慨的原因，（和我所感慨的）像符契那样相合，没有不面对他们的文章而感叹悲伤的，（却）不能明白于心。因此知道把死和生等同起来的说法是不真实的，把长寿和短命等同起来的说法是妄造的。后代的人看现在，也正如同我们今天看过去一样，这真是可悲呀！所以我一个一个记下当时参加聚会的人，抄录下他们作的诗赋，即使时代变了，世事不同了，但是人们兴发感慨的缘由，人们的思想情趣是一样的。后世的读者，也将有感慨于这次集会的诗文。

第十九课　论读书

培根将"读书"二字做了最详尽深刻的解读。

读书的意义和作用：人是经验主义者，从过往经历中总结规律、吸取教训，从而摸索出一套适合自己的方式方法。但并非所有的事情都需要我们亲身经历过后才能够明白，并非只有直接经验可以给我们启发，我们还可以通过间接经验为基础来学习。例如，看别人怎么做、自己学着做，看书上怎么说、自己学着来……书本，应当是我们学习的重要工具和手段。

读书方法：理论与实践相结合。读书的关键在于将理论运用于实践当中，用经验加以证明和巩固。将从书本中学到的经验在现实生活中灵活运用和掌握，消化吸收为自己的经验，由书本上的文字转化为自己的思想。“明智之士用读书”，“用书之智不在书中，而在书外”，关键在于“用”。

培根《论读书》对读书的意义、作用和方法都做了透彻的论述。今天，无论是读书治学，还是掌握现代先进的科学技术，都是值得我们借鉴的。

弗朗西斯·培根（Francis Bacon，1561—1626年），英国哲学家、作家，出生贵族家庭。剑桥大学毕业，后又学习法律，1618年任大理院院长，封为勋爵。1621年因受贿为国会弹劾去职，嗣后居家著述。

论读书

弗朗西斯·培根

读书足以怡情，足以傅彩，足以长才。其怡情也，最见于独处幽居之时；其傅彩也，最见于高谈阔论之中；其长才也，最见于处世判事之际。练达之士虽能分别处理细事或一一判别枝节，然纵观统筹、全局策划，则舍好学深思者莫属。读书费时过多易惰，文采藻饰太盛则矫，全凭条文断事乃学究故态。读书补天然之不足，经验又补读书之不足，盖天生才干犹如自然花草，读书然后知如何修剪移接；而书中所示，如不以经验范之，则又大而无当。有一技之长者鄙读书，无知者羡读书，唯明智之士用读书，然书并不以用处告人，用书之智不在书中，而在书外，全凭观察得之。读书时不可存心诘难作者，不可尽信书上所言，亦不可只为寻章摘句，而应推敲细思。书有可浅尝者，有可吞食者，少数则须咀嚼消化。换言之，有只须读其部分者，有只须大体涉猎者，少数则须全读，读时须全神贯注，孜孜不倦。书亦可请人代读，取其所作摘要，但只限题材较次或价值不高者，否则书经提炼犹如水经蒸馏、淡而无味矣。

读书使人充实，讨论使人机智，笔记使人准确。因此不常作笔记者须记忆特强，不常讨论者须天生聪颖，不常读书者须欺世有术，始能无知而显有知。读史使人明智，读诗使人灵秀，数学使人周密，科学使人深刻，伦理学使人庄重，逻辑修辞之学使人善辩：凡有所学，皆成性格。人之才智但有滞碍，无不可读适当之书使之顺畅，一如身体百病，皆可借相宜之运动除之。滚球利睾肾，射箭利胸肺，慢步利肠胃，骑术利头脑，诸如此类。如智力不集中，可令读数学，盖演题须全神贯注，稍有分散即须重演；如不能辨异，可令读经院哲学，盖是辈皆吹毛求疵之人；如不善求同，不善以一物阐证另一物，可令读律师之案卷。如此头脑中凡有缺陷，皆有特药可医。

【注释】

《论读书》是《培根随笔》中的一篇重要的文章。1653 年发表，收于《培根随笔》一书中。《培根随笔》是英国随笔文学的开山之作，以其简洁的语言、优美的文笔、透彻的说理、迭出的警句，在世界文学史上占据了非常重要的地位。他竭力倡导“读史使人明智，读诗使人聪慧，数学使人精密，哲理使人深刻，伦理学使人有修养，逻辑修辞使人善辩。”

第二十课　雨　　巷

《雨巷》写于 1927 年，血腥的“四·一二”大屠杀之后。作品运用了象征性的抒情手法。诗中那狭窄阴沉的雨巷，在雨巷中徘徊的独行者，以及那个像丁香一样结着愁怨的姑娘，都是象征性的意象。这些意象又共同构成了一种象征性的意境，含蓄地暗示出作者既迷惘感伤又期待的情怀，并给人一种朦胧而又幽深的美感。诗人把当时黑暗的社会现实暗喻为悠长狭窄而寂寥的“雨巷”，没有光，也没有生机和活力，而“我”就是在这样的雨巷中孤独的彷徨者。“我”在孤寂中仍怀着对美好理想和希望的憧憬与追求，诗中“丁香一样的姑娘”就是这种美好理想的象征。但是，这种美好的理想又是渺茫的、难以实现的。这种心态，正是大革命失败后一部分有所追求的青年知识分子，在政治低压下因找不到出路而陷于惶惑心境的真实反映。

富于音乐性是《雨巷》的另一个突出的艺术特色。诗中运用了复沓、叠句、重唱等手法，造成了回环往复的旋律和宛转悦耳的乐感。因此叶圣陶先生称赞这首诗为中国新诗的音节开了一个“新纪元”。

戴望舒（1905—1950年），中国现代著名的诗人，中国现代象征派诗歌的代表，浙江杭州人。因《雨巷》成为传诵一时的名作，他被称为“雨巷诗人”。他的诗对中国新诗的发展产生过相当大的影响。著有《戴望舒诗集》等，另有译著等数十种。著名诗作除《雨巷》外，还有《寻梦者》、《狱中题壁》等。

雨　　巷

戴望舒

撑着油纸伞，独自
彷徨在悠长、悠长
又寂寥的雨巷，
我希望逢着
一个丁香一样的
结着愁怨的姑娘。

她是有
丁香一样的颜色，
丁香一样的芬芳，
丁香一样的忧愁，
在雨中哀怨，
哀怨又彷徨；

她彷徨在这寂寥的雨巷，
撑着油纸伞
像我一样，
像我一样地
默默彳亍[1]着
冷漠、凄清，又惆怅。

她默默地走近，
走近，又投出
太息[2]一般的眼光。
她飘过
像梦一般的，
像梦一般的凄婉迷茫。
像梦中飘过
一枝丁香地，
我身旁飘过这个女郎；

她默默地远了，远了，
到了颓圮[3]的篱墙，
走尽这雨巷。
在雨的哀曲里，
消了她的颜色，
散了她的芬芳，
消散了，甚至她的
太息般的眼光
丁香般的惆怅。

撑着油纸伞，独自
彷徨在悠长、悠长
又寂寥的雨巷，
我希望飘过
一个丁香一样的
结着愁怨的姑娘。

【注释】

（1）彳亍（chì chù）：走走停停的样子。

（2）太息：叹息。

（3）颓圮（tuí pǐ）：坍塌，破败。

第二十一课　有的人

导语

《有的人》这首诗，是臧克家诸多政治抒情诗的代表作，它的独特之处在于以高度凝炼的艺术手法，阐述了人的肉体生命与精神生命的真谛。全诗分七节，通篇采用对比手法，把两种不同思想的人进行了比较，热情讴歌了“为了多数人更好地活着的人”，通过鞭鞑“活着别人就不能活的人”，从反面衬托以鲁迅为代表的所有“给人民作牛马”的人的高尚情操和伟大胸怀。诗人以凝炼的语言，鲜明的对比，揭示了生命的意义在于全心全意为人民服务，人活着应该为了多数人更好地活而活。在讴歌鲁迅的同时，启迪人们向鲁迅学习，为人民俯首甘为孺子牛。本诗主题鲜明，富于哲理，既能陶冶情操，又能给人美好的艺术欣赏。

臧克家（1905—2004年），山东潍坊诸城人，曾用名臧瑗望，笔名少全、何嘉。是闻一多的学生，现代诗人，忠诚的爱国主义者，曾任中国民主同盟盟员。人大代表，中国诗歌学会会长。代表作品有《难民》《老马》《烙印》《有的人》。

有的人[1]

臧克家

有的人活[2]着
他已经死[3]了；
有的人死了
他还活着。

有的人
骑[3]在人民头上：“呵，我多伟大！”
有的人
俯下身子给人民当牛马。

有的人
把名字刻入石头，想“不朽”；
有的人
情愿作野草，等着地下的火烧。

有的人
他活着别人就不能活；
有的人
他活着为了多数人更好地活。

骑[4]在人民头上的
人民把他摔垮；
给人民作牛马的
人民永远记住他！

把名字刻入石头的
名字比尸首烂得更早；
只要春风吹到的地方
到处是青青的野草。

他活着别人就不能活的人，
他的下场可以看到；
他活着为了多数人更好地活着的人，
群众把他抬举[5]得很高，很高。

——1949 年 11 月 1 日于北京　臧克家

【注释】

（1）“有的人”：每节诗的前两句都指反动统治者，他们虽然“活着”，但在老百姓的心目中是“行尸走肉”，他们对外不抵抗，对内压迫人民。每节诗后两句都是指鲁迅，以及像鲁迅这样的人。他们虽死犹生，永远活在人民的心中，赢得人民的尊敬和歌颂。

（2）活：第一个“活”字意思是肉体还活着，充满了作者的鄙夷和轻蔑；第二个“活”字意思是精神永存，是作者对鲁迅伟大一生的充分肯定和赞美。

（3）死：第一个“死”字意思是缺少灵魂，充满了作者的痛恨和咒骂；第二个“死”字意思是肉体死亡，表达了作者的惋惜和怀念之情。

（4）骑：生动地表现了反动派欺压人民，作威作福的神态。

（5）抬举：称赞；提拔。

第二十二课　青春万岁

这首诗是长篇小说《青春万岁》的序诗。小说可以说就是作者及其同时代人流金岁月中最令人难忘的故事。

同整部小说一样，这首序诗写满了那个时代的青年人特有的燃烧的、沸腾的激情。在经历了战争、苦难之后，面对新生的祖国，他们从心底发出了真切的呼唤。诗人借助小船上的欢笑、月光下的歌舞、细雨中的踏青、晨雪里的行军，热烈的争论等场景，无一不展示了那个时代青年人特有的献身祖国、建设祖国的自豪与责任、豪情与壮志的精神状态。与当时汇聚了青春意向的诗坛相呼应。

这首诗表现了诗人对生活的无比热爱和对人生的无限憧憬，全诗节奏明快、旋律优美、语言豪迈。

王蒙，男，河北南皮人，祖籍河北沧州，1934年10月15日生于北京。著有长篇小说《青春万岁》《活动变人形》等近百部小说，其作品反映了中国人民在前进道路上的坎坷历程。曾获意大利蒙德罗文学奖、日本创价学会和平与文化奖、俄罗斯科学院远东研究所与澳门大学荣誉博士学位、约旦作家协会名誉会员等荣衔。作品翻译为二十多种语言在各国发行。

青春万岁

王蒙

所有的日子，所有的日子都来吧，
让我们编织你们，用青春的金线，
和幸福的璎珞，编织你们。
有那小船上的歌笑，月下校园的欢舞，
细雨蒙蒙里踏青，初雪的早晨行军，
还有热烈的争论，跃动的、温暖的心……

是转眼过去的日子，也是充满遐想的日子，
纷纷的心愿迷离，像春天的雨，
我们有时间，有力量，有燃烧的信念，
我们渴望生活，渴望在天上飞。

是单纯的日子，也是多变的日子，
浩大的世界，样样叫我们好奇，
从来都兴高采烈，从来不淡漠，
眼泪，欢笑，深思，全是第一次。

所有的日子都去吧，都去吧，
在生活中我快乐地向前，
多沉重的担子，我不会发软，
多严峻的战斗，我不会丢脸，
有一天，擦完了枪，擦完了机器，擦完了汗，
我想念你们，招呼你们，
并且怀着骄傲，注视你们！

第二十三课　面朝大海春暖花开

这首诗共三节，第一节虚构了诗人理想中的“幸福的人”的生活图景：既向往平凡生活（关心粮食和蔬菜），又自由闲散（喂马，劈材，周游世界）。更关键的在于他的清净与独立——独立于社会人群的边缘（面朝大海春暖花开）。这种幸福是现实与理想，物质与精神的完美统一，属于未来，属于幻想。第二三节由描绘景象转为抒发情感，诗人由己及人，表达了对亲情和友情的珍惜，情感涉及面次第展开，胸襟逐步开阔，尤其诗歌第三节对“陌生人”的三“愿”中，最后的“愿你在尘世获得幸福”，在全诗中起着总括的作用，博爱之情溢于言外。然而诗歌至此，情感突然发生逆转，“我只愿面朝大海春暖花开”，犹言尘世的幸福与诗人无关，显示出诗人矛盾心理状态：刚对世人表露赤诚心怀，很快转过身，面朝大海，背对众人；在人生观价值观上既肯定世俗生活，又不甘堕入尘世成为俗人。

全诗语言质朴，意象本色，思路飘逸，形式工整，读后令人感到意犹未尽，诗歌平白如话，情感表达真实、自然、朴实无华。

海子（1964—1989 年），原名查海生，出生于安徽省怀宁县高河镇查湾村，当代青年诗人。海子在农村长大，1979 年 15 岁时考入北京大学法律系，1982 年大学期间开始诗歌创作，1983 年自北大毕业后分配至北京中国政法大学哲学教研室工作，1989 年 3 月 26 日在山海关附近卧轨自杀，年仅 25 岁。出版了《土地》《海子、骆一禾作品集》《海子的诗》和《海子诗全编》等。

面朝大海春暖花开

海子

从明天起，做一个幸福的人
喂马，劈柴，周游世界
从明天起，关心粮食和蔬菜
我有一所房子，面朝大海，春暖花开

从明天起，和每一个亲人通信
告诉他们我的幸福
那幸福的闪电告诉我的
我将告诉每一个人

给每一条河每一座山取一个温暖的名字
陌生人，我也为你祝福
愿你有一个灿烂的前程
愿你有情人终成眷属
愿你在尘世获得幸福
我只愿面朝大海，春暖花开

第二十四课　荷塘月色

《荷塘月色》是朱自清在任教清华大学时所写的一篇散文。

第一段，作者运用按照驻足观察的顺序，视线由近及远、由上而下，依次写了荷叶、荷花、荷香、荷波、荷韵。另外，作者用了三种修辞手法：一是“通感”，用“渺茫的歌声”来形容荷花的清香，是将听觉和嗅觉打通；用“和谐的旋律”“如梵阿玲上奏着的名曲”来形容光和影，则是将听觉和视觉打通。二是“比拟”，“袅娜”“羞涩”两词可以让我们想象荷花仪态万千娇羞不已的媚态；又如“叶子本是肩并肩密密地挨着”一句，既有叶如人般亲密无间，又有挤挤挨挨的动态效果；三是叠音词、双声叠韵词的大量运用，产生了回环往复的艺术效果。

第二段着力描写月色。先写月光如流水般倾泻在花叶上的情景，虚中见实，“薄薄的青雾浮起在荷塘里”，这是实写；而“叶子和花仿佛在牛乳中洗过一样；又像笼着轻纱的梦”，则又是虚写，贴切地表现了朦胧月色下荷花飘忽不定的姿态。虚实为用，写出一种勾人心魄的意境。单写月光比较单调，因此有着力摹写月的投影，有“参差”“斑驳”灌木的“黑影”，也有“弯弯的杨柳的稀疏的倩影”，而这些“影”又像是“画在荷叶上”。作者在这一段描写月色的文字中，运用了很多贴切、妥当的动词，“泻”字给人一种向下倾的实感，使月光有了动感。再一个“浮”字，表现出月光下荷叶、荷花的那种缥缈轻柔的姿容，还有一“洗”字写出了叶子和花在月光映照下一种奶白色而又鲜明欲滴的实感。作者通过写叶、花的安谧、恬静，衬托出月色的朦胧柔和。最后，一“画”字含“人为”动作于其中，仿佛有无形的手在展纸描绘“倩影”，写出了投在荷叶上的月影之真、之美。

朱自清（1898—1948 年），原名自华，号秋实，后改名自清，字佩弦。原籍浙江绍兴，出生于江苏省东海县（今连云港市东海县平明镇）中国现代散文家、诗人、学者、民主战士。代表作品有《春》《绿》《背影》《荷塘月色》《匆匆》等。

荷塘月色（节选）

朱自清

曲曲折折的荷塘上面，弥望的是田田的叶子。叶子出水很高，像亭亭的舞女的裙。层层的叶子中间，零星地点缀着些白花，有袅娜地开着的，有羞涩地打着朵儿的；正如一粒粒的明珠，又如碧天里的星星，又如刚出浴的美人。微风过处，送来缕缕清香，仿佛远处高楼上渺茫的歌声似的。这时候叶子与花也有一丝的颤动，像闪电般，霎时传过荷塘的那边去了。叶子本是肩并肩密密地挨着，这便宛然有了一道凝碧的波痕。叶子底下是脉脉的流水，遮住了，不能见一些颜色；而叶子却更见风致了。

月光如流水一般，静静地泻在这一片叶子和花上。薄薄的青雾浮起在荷塘里。叶子和花仿佛在牛乳中洗过一样；又像笼着轻纱的梦。虽然是满月，天上却有一层淡淡的云，所以不能朗照；但我以为这恰是到了好处——酣眠固不可少，小睡也别有风味的。月光是隔了树照过来的，高处丛生的灌木，落下参差的斑驳的黑影，峭楞楞如鬼一般；弯弯的杨柳的稀疏的倩影，却又像是画在荷叶上。塘中的月色并不均匀；但光与影有着和谐的旋律，如梵婀玲上奏着的名曲。

第二十五课 匆 匆

《匆匆》是现代著名作家朱自清写的一篇脍炙人口的散文。文章紧扣“匆匆”二字，细腻地刻画了时间流逝的踪迹，表达了作者对时光流逝的无奈和惋惜。

文中作者用以抒情的物象“时光”，因虚无缥缈而极难把握、体现。然一向以笔触委婉、细腻、深刻著称的作者，却做到了用生花妙笔赋予无影无形的时光具体可感、栩栩如生的形象，且在此基础上酣畅淋漓地抒发了郁郁情怀。

文章一开篇便是一气呵成的三个排比句，“燕子去了，有再来的时候；杨柳枯了，有再青了的时候；桃花谢了，有再开的时候。”以有去有回、枯了又青、谢了再开，燕子、杨柳、桃花来借物起兴，反衬匆匆逝去、无迹无痕的时光。此处作者用意不在于描绘春景的实感，而是要让读者进入画面，情绪受到感染，了解大自然的荣枯是时间飞逝的痕迹。由此，诗人进一步追寻时光的行踪：“日子为什么会一去不复返？是被人“偷了”还是“逃走”了？被偷了能藏在何处？逃走了现在会在哪里？”一连串疑问，透出诗人怅然若失的情绪。“八千多日子”是作者已走过的人生二十四度春秋，它们“像针尖上的一滴水滴在大海里”，是新奇的比喻、极度的夸张，进一步烘托、渲染了“匆匆”的气氛。

文章结构精巧，层次清楚，文字简练，情景交融，无论是写燕子、杨柳、桃花，还是写太阳，都与“我们的日子为什么一去不复返呢”的感叹融为一体，处处流露出作者对时光流逝感到无奈和惋惜。

匆 匆

朱自清

燕子去了，有再来的时候；杨柳枯了，有再青的时候；桃花谢了，有再开的时候。但是，聪明的，你告诉我，我们的日子为什么一去不复返呢？——是有人偷了他们罢：那是谁？又藏在何处呢？是他们自己逃走了罢：现在又到了哪里呢？

我不知道他们给了我多少日子；但我的手确乎是渐渐空虚了。在默默里算着，八千多日子已经从我手中溜去；像针尖上一滴水滴在大海里，我的日子滴在时间的流里，没有声音，也没有影子。我不禁头涔涔[1]而泪潸潸[2]了。

去的尽管去了，来的尽管来着；去来的中间，又怎样地匆匆呢？早上我起来的时候，小屋里射进两三方斜斜的太阳。太阳他有脚啊，轻轻悄悄地挪移了；我也茫茫然跟着旋转。于是——洗手的时候，日子从水盆里过去；吃饭的时候，日子从饭碗里过去；默默时，便从凝然的双眼前过去。我觉察他去的匆匆了，伸出手遮挽时，他又从遮挽着的手边过去，天黑时，我躺在床上，他便伶伶俐俐地从我身上跨过，从我脚边飞去了。等我睁开眼和太阳再见，这算又溜走了一日。我掩着面叹息。但是新来的日子的影儿又开始在叹息里闪过了。

在逃去如飞的日子里，在千门万户的世界里的我能做些什么呢？只有徘徊罢了，只有匆匆罢了；在八千多日的匆匆里，除徘徊外，又剩些什么呢？过去的日子如轻烟，被微风吹散了，如薄雾，被初阳蒸融了；我留着些什么痕迹呢？我何曾留着像游丝样的痕迹呢？我赤裸裸来到这世界，转眼间也将赤裸裸地回去罢？但不能平的，为什么偏要白白走这一遭啊？

你聪明的，告诉我，我们的日子为什么一去不复返呢？

1922 年 3 月 28 日

【注释】

（1）涔涔（cén）：形容出汗。

（2）潸潸（shān）：形容流泪。

第二章　齐　家　篇

第二十六课　诗经·关雎

《关雎》出自《诗经·国风·周南》，是《诗经》的首篇，它反映的是一个青年对一位容貌美丽的姑娘的爱慕和追求，写他求而不得的痛苦和想象求而得之的喜悦。它是我国爱情诗之祖。不仅反映的是令人喜闻乐见的爱情题材，还具有独到的艺术特色。关雎：篇名是从诗篇第一句中摘取来的。《诗经》的篇目大部分是这样产生的。

诗经·关雎

先秦·佚名

关关雎鸠[1]，在河之洲。
窈窕[2]淑女，君子好逑[3]。
参差荇菜[4]，左右[5]流[6]之。
窈窕淑女，寤寐[7]求之。
求之不得，寤寐思服。
悠哉悠哉，辗转反侧。
参差荇菜，左右采之。
窈窕淑女，琴瑟友之[8]。
参差荇菜，左右芼[9]之。
窈窕淑女，钟鼓乐之[10]。

《诗经》是我国第一部诗歌总集，收集了自西周初年至春秋中叶五百多年的诗歌 305 篇。《诗经》“六义”指的是风、雅、颂、赋、比、兴，前三个说的是内容，后三个说的是手法。先秦称为《诗》，或取其整数称《诗三百》《三百篇》。西汉时被尊为儒家经典，才称为《诗经》，并沿用至今。

【注释】

（1）雎鸠（jū jiū）：鸟名。上体暗褐，下体白色。趾具锐爪，适于捕鱼。
（2）窈窕（yǎotiǎo）：文静美好的样子。善心为窈，美容为窕。
（3）好逑（hǎo qiú）：好的配偶。逑，通“仇”，匹配。
（4）荇（xìng）菜：水草名，一种可食的水草。
（5）左右：指采荇菜女子的双手。
（6）流：摘取。
（7）寤寐（wù mèi）：日日夜夜。
（8）琴瑟友之：弹琴鼓瑟表示亲近。
（9）芼（mào）：挑选。
（10）钟鼓乐（yuè）之：敲击钟鼓使她喜悦、快乐。

第二十七课　孟母三迁

导语

典故出自《列女传·卷一·母仪》。孟子是战国时期的大思想家。孟子从小丧父，全靠母亲倪氏一人日夜纺纱织布，挑起生活重担。倪氏是个勤劳而有见识的妇女，她希望自己的儿子读书上进，早日成才，为了给孟轲提供一个良好的学习环境而三次搬家。可见，生长环境对一个人、特别是青少年的成长有多么大直接的影响。孟子后来成为大学问家，与生长环境对他的熏陶感染有很大关系。

	刘向（约公元前 77—公元前 6 年），汉朝宗室。西汉经学家、目录学家、文学家，其散文主要是秦疏和校雠古书的叙录，较有名的有《谏营昌陵疏》和《战国策叙录》。

孟母三迁

西汉・刘向

邹孟轲母，号孟母。其舍[1]近墓。孟子之少也，嬉游为墓间之事[2]，踊跃筑埋[3]。孟母曰："此非吾所以居处子[4]。"乃去，舍市旁。其嬉游为贾人[5]炫卖[6]之事。孟母又曰："此非吾所以处吾子也。"复徙[7]居学宫[8]之旁。其嬉游乃设俎豆[9]，揖让进退[10]。孟母曰："真可以处居子矣。"遂居。及孟子长，学六艺，卒[11]成大儒之名。君子谓孟母善以渐化。

【注释】

（1）舍：家。
（2）墓间之事：指埋葬、祭扫死人一类的事。
（3）踊跃筑埋：玩起办理丧事的游戏。
（4）处子：安顿儿子。
（5）贾（gǔ）人：商贩。
（6）炫卖：沿街叫卖，夸耀。
（7）徙：迁移。
（8）学宫：学校。
（9）俎豆（zǔ）：古代祭祀用的两种盛器，此指祭礼仪式。
（10）揖让进退：即打拱作揖、进退朝堂等古代宾主相见的礼仪。
（11）卒：最终，终于。

【译文】

孟子的母亲，世人称她孟母。孟子小时候，居住的地方离墓地很近，孟子学了些祭拜之类的事，玩起办理丧事的游戏。他的母亲说："这个地方不适合孩子居住。"于是将家搬到集市旁，孟子玩起了做买卖吆喝的游戏。母亲又想："这个地方还是不适合孩子居住。"又将家搬到学校旁边。孟子学会了官员鞠躬和拱手礼让的礼节。孟母说："这才是孩子居住的地方。"就在这里定居下来了。

第二十八课　游子吟

导语

这是一首母爱的颂歌。诗人在仕途失意的境况下，饱尝世态炎凉，穷愁终身，故愈觉亲情之可贵。“诗从肺腑出，出辄愁肺腑”（苏轼《读孟郊诗》）。这首诗虽无藻绘与雕饰，然而清新流畅，感情深挚，淳朴素淡中正见其诗味的浓郁醇美。艺术地再现了人所共感的平凡而又伟大的人性美，所以千百年来赢得了无数读者强烈的共鸣。

孟郊（751—814 年），字东野，湖州武康（今浙江德清县）人，祖籍平昌（今山东德州临邑县），唐代著名诗人。先世居洛阳，后隐居嵩山。因其诗作多写世态炎凉，民间苦难，故有“诗囚之称”，与贾岛齐名“郊寒岛瘦”。孟郊近 50 岁中进士，曾任溧阳县尉，一生穷困潦倒。孟诗现存 500 多首，以短篇五古最多，今传本《孟东野诗集》10 卷。

游子[1]吟

唐・孟郊

慈母手中线，游子身上衣。临[2]行密密缝，意恐[3]迟迟归。谁言寸草[4]心[5]，报得[6]三春晖[7]。

【注释】

（1）游子：古代称远游旅居的人。吟：诗体名称。
（2）临：将要。
（3）意恐：担心。
（4）寸草：小草。这里比喻子女。

（5）心：语义双关，既指草木的茎干，也指子女的心意。

（6）报得：报答。

（7）三春晖：春天灿烂的阳光，指慈母之恩。三春：旧称农历正月为孟春，二月为仲春，三月为季春，合称三春。晖：阳光。形容母爱如春天温暖、和煦的阳光照耀着子女。

第二十九课 陋室铭

刘禹锡的《陋室铭》，是古代散文中的名篇，以其立意鲜明、格调高雅、文句精美而脍炙人口，久为传颂。作者在文中不是以“君子”自我标榜，而是以君子的敬德修业律已，表现为一种对人生失意与仕途坎坷的超然豁达和乐观开朗的人生态度，反映了他不与权贵同流合污的高洁清峻的品格。惟其如此，我们与其视其为一篇阐述陋室“不陋”的散文，倒不如说这是一首赞颂陋室以显主人淡泊高雅之生活情趣的抒情诗。

而这篇短文在写法上也独具巧思：

首先，文章借助陋室说理，以抒情的笔调表明作者高洁的品格，事中见理，景中显情，诚可谓“情因景而显，景因情而生”。这样就把作者的闲情逸事，居室美景写得含蓄生动而意韵悠远。

其次，文章以骈句为主，给人一种视觉上的齐整之美。同时，文章又重在五言，间以四言、六言，因而句式参差，加之文章一韵到底，使文章节奏明快，语言错落有致，在听觉上给人音乐的美感。

再次，文章巧于用典。如借“诸葛庐”、“子云亭”以自况，且引孔子之语——“何陋之有?”——说明陋室“不陋”，从而增强了文章说理的可信性和说服力。

刘禹锡（772—842年）字梦得，彭城人，祖籍河南洛阳。唐代中晚期杰出的文学家、政治家、哲学家、诗人和散文家，有“诗豪”之称，与白居易并称“刘白”，与柳宗元并称“刘柳”。著有诗集十八卷，今编为十二卷。

陋室铭[1]

唐·刘禹锡

山不在[2]高，有仙则名[3]，水不在深，有龙则灵[4]。斯是陋室[5]，惟[6]吾德馨[7]。苔痕上阶绿，草色入帘青[8]。谈笑有鸿儒，往来无白丁。可以调素琴[9]，阅金经[10]。无丝竹[11]之[12]乱耳[13]，无案牍[14]之劳形[15]。南阳诸葛庐，西蜀子云亭[16]。孔子云：何陋之有[17]？

【注释】

（1）铭：是古代一种刻于金石上的押韵文体，多用于歌功颂德与警戒自己。

（2）在：在于，动词。

（3）名：名词作动词，出名。

（4）灵：形容词作动词，灵异，神奇，也有灵气的意思。

（5）斯是陋室：斯，指示代词，这。是，判断动词。陋室，简陋的屋子。

（6）惟：只有，只要。

（7）德馨：品德高尚。馨，香气，古代常用来形容人的品德高尚。

（8）苔痕上阶绿，草色入帘青：苔痕碧绿，长到阶上；草色青葱，映入眼帘。说明来拜访刘禹锡的人少。草色入帘青，庭草不除，反映了室主人淡泊名利的心态，渲染了恬静的气氛。

（9）调（tiáo）素琴：调，调弄，这里指弹琴；素琴，不加装饰的琴。

（10）金经：古代用泥金书写而成的佛经，泛指佛经。

（11）丝竹：琴、瑟、箫、笛等乐器的总称，“丝”指弦乐器，“竹”指管乐器。这里指奏乐的声音。

（12）之：助词，用在主谓间，取消句子的独立性，无实义。

（13）乱耳：使耳朵扰乱（使动用法）。

（14）案牍（dú）：官府的公文。牍，①古代写字用的木简。②文件，书信。

（15）劳形：使身体劳累（使动用法）。劳，劳累。形，形体、身体。

（16）南阳诸葛庐，西蜀子云亭：南阳有诸葛亮的草庐，西蜀有扬雄的亭子。这两句是说，诸葛亮和扬雄的居室都很简陋，但因为居住的人很有名，所以受到人们的景仰。诸葛亮，字孔明，三国时蜀汉丞相，著名的政治家和军事家，出仕前曾隐居南阳郡隆中山中。扬雄，字子云，西汉时文学家，蜀郡成都人。庐，简陋的小屋子。

（17）何陋之有：有什么简陋呢？之，助词，宾语前置的标志，无实义。全句意为“有何陋”。语见《论语·子罕》：“子欲居九夷，或曰，‘陋，如之何？’子曰，‘君子居之，何陋之有？’”孔子认为，九夷虽然简陋，但是有君子住在那里，就不简陋了。本文只用“何陋之有”，兼含着“君子之居”的意思。此处引用孔子的话证“陋室”，说明“有德者居之，则陋室不陋。”与前文“斯是陋室，惟吾德馨”遥相呼应。把个“陋”字彻底翻了过来，达到“不陋”的最完美的境界，这是全文的点睛之笔。突出表明了作者高洁傲岸的情操和安贫乐道的情趣。

【译文】

山不在于高，有了神仙就出名。水不在于深，有了龙就显得有了灵气。这是简陋的房子，只是我（住屋的人）品德好（就感觉不到简陋了）。长到台阶上的苔痕颜色碧绿；草色青葱，映入帘中。到这里谈笑的都是知识渊博的大学者，交往的没有知识浅薄的人，可以弹奏不加装饰的古琴，阅读佛经。没有奏乐的声音扰乱双耳，没有官府的公文使身体劳累。南阳有诸葛亮的草庐，西蜀有扬子云的亭子。孔子说：有什么简陋的呢？

第三十课　琵琶行

作为一首叙事长诗，这首诗结构严谨缜密，错落有致，情节曲折，波澜起伏。

乐声描写是全诗中尤为精彩的部分，根据乐声的起伏，感情的变化，它可以分为三个小层次。

第一层诗人用了一连串的比喻（也可说是通感）描写乐声。以“急雨”、“私雨”、“大珠小珠落玉盘”

三组比喻，描写乐声由急骤粗重而急促轻细，而纷繁清脆；感情由悲愤而凄苦，而悲愤凄苦倾泻而出，达到演奏的第一个高潮。

第二层以“间关莺语花底滑，幽咽泉流冰下难，冰泉冷涩弦凝绝，凝绝不通声暂歇”三个比喻（也可说是通感），描写乐声由上层纷繁清脆的高潮转入婉转低回艰涩难通，低到无声；达到演奏的低潮。“别有幽愁暗恨生，此时无声胜有声”，这常被引用的名句，体现着诗人对“声暂歇”艺术效果的深刻感受和高度赞美，弹者已将听者带入乐声意境中去。

第三层用“银瓶乍破水浆迸，铁骑突出刀枪鸣”两个比喻（也可说是通感），描写突然发出的乐声不但雄壮，而且激越；“四弦一声如裂帛”写出猛然煞住的乐声；感情由激愤而凄厉。这一层乐声在上层低潮中，奇峰突起，再掀高潮又嘎然而止；感情上由上层凄楚无声，转入激昂愤慨，恣肆奔腾，进而凄厉无尽；演奏在高潮中陡然结束。这段乐声描写，运用一连串贴切形象的比喻，描写出琵琶声声情并茂，恍如江潮迭涌，奇峰层出，不愧历来被誉为古典诗歌中描写乐声的绝唱。

这是一首脍炙人口的现实主义杰作，全文以人物为线索，既写琵琶女的身世，又写诗人的感受，然后在“同是天涯沦落人”二句上会合。歌女的悲惨遭遇写得很具体，可算是明线；诗人的感情渗透在字里行间，随琵琶女弹的曲子和她身世的不断变化而荡起层层波浪，可算是暗线。这一明一暗，一实一虚，使情节波澜起伏。它所叙述的故事曲折感人，抒发的情感能引起人的共鸣，语言美而不浮华，精而不晦涩，内容贴近生活而又有广阔的社会性，雅俗共赏。

白居易（772—846 年），唐代诗人。字乐天，号香山居士。其先太原（今属山西）人，后迁下邽（guī）（今陕西渭南东北）。在文学上，主张“文章合为时而著，歌诗合为事而作”，是新乐府运动的倡导者。其诗语言通俗。和元稹并称“元白”，和刘禹锡并称“刘白”，与李白、杜甫一起被后人并称为唐代“三大诗人”。晚年官至太子少傅，谥号“文”，世称白傅、白文公。在文学上积极倡导新乐府运动，主张文章合为时而著，诗歌合为事而作，写下了不少感叹时世、反映人民疾苦的诗篇，所作《新乐府》《秦中吟》共 60 首，对后世颇有影响。是我国文学史上相当重要的诗人。

琵琶行（节选）

唐・白居易

（序）元和十年，予左迁[(1)]九江郡司马。明年秋，送客湓浦口，闻舟中夜弹琵琶者，听其音，铮铮然有京都声[(2)]。问其人，本长安倡女[(3)]，尝学琵琶于穆、曹二善才。年长色衰，委身[(4)]为贾人[(5)]妇。遂命酒[(6)]，使快弹数曲，曲罢悯然[(7)]。自叙少小时欢乐事，今漂沦憔悴，转徙于江湖间。予出官[8]二年，恬然自安，感斯人言，是夕始觉有迁谪意。因为长句[9]，歌以赠之，凡六百一十六言，命曰《琵琶行》。

浔阳江头夜送客，枫叶荻花秋瑟瑟[10]。
主人[11]下马客在船，举酒欲饮无管弦。
醉不成欢惨将别，别时茫茫江浸月。
忽闻水上琵琶声，主人忘归客不发。
寻声暗问"弹者谁"？琵琶声停欲语迟。
移船相近邀相见，添酒回灯[12]中开宴；
千呼万唤始出来，犹抱琵琶半遮面。
转轴拨弦[13]三两声，未成曲调先有情。
弦弦掩抑[14]声声思，似诉平生不得意。
低眉信手续续弹，说尽心中无限事。
轻拢[15]慢捻[16]抹[17]复挑[18]，初为霓裳[19]后六幺[20]。
大弦嘈嘈[21]如急雨，小弦切切[22]如私语。
嘈嘈切切错杂弹，大珠小珠落玉盘。
间关[23]莺语花底滑，幽咽[24]泉流冰下难[25]。
冰泉冷涩弦凝绝[26]，凝绝不通声暂歇。
别有幽愁暗恨生，此时无声胜有声。
银瓶乍破水浆迸，铁骑突出刀枪鸣。
曲终收拨[27]当心画[28]，四弦一声如裂帛。
东舟西舫[29]悄无言，唯见江心秋月白。
沉吟放拨插弦中，整顿衣裳起敛容。

【注释】

（1）左迁：贬官，降职。古以左为卑，故称"左迁"。
（2）京都声：指唐代京城流行的乐曲声调。
（3）倡女：歌女。倡，古时歌舞艺人。
（4）委身：托身，这里指嫁的意思。
（5）贾（gǔ）人：商人。
（6）命酒：叫（手下人）摆酒。
（7）悯然：忧郁的样子。
（8）出官：（京官）外调。
（9）长句：指七言诗。

（10）瑟瑟：形容枫树、芦荻被秋风吹动的声音。
（11）主人：诗人自指。
（12）回灯：重新拨亮灯光。回：再。
（13）转轴拨弦：将琵琶上缠绕丝弦的轴，以调音定调。
（14）掩抑：掩蔽，遏抑。
（15）拢：左手手指按弦向里（琵琶的中部）推。
（16）捻：揉弦的动作。
（17）抹：向左拨弦，也称为“弹”。
（18）挑：反手回拨的动作。
（19）霓裳：即《霓裳羽衣曲》，本为西域乐舞，唐开元年间西凉节度使杨敬述依曲创声后流入中原。
（20）六幺：大曲名，又叫《乐世》《绿腰》《录要》，为歌舞曲。
（21）嘈嘈：声音沉重抑扬。
（22）切切：细促轻幽，急切细碎。
（23）间关：莺语流滑叫“间关”。鸟鸣声。
（24）幽咽：遏塞不畅状。
（25）冰下难：泉流冰下阻塞难通，形容乐声由流畅变为冷涩。
（26）凝绝：凝滞。
（27）拨：弹奏弦乐时所用的拨工具。
（28）当心画：用拨子在琵琶的中部划过四弦，是一曲结束时经常用到的右手手法。
（29）舫：船。

【译文】

唐宪宗元和十年，我被贬为九江郡司马。第二年秋季的一天，送客到湓浦口，夜里听到船上有人弹琵琶。听那声音，铮铮铿铿有京都流行的声韵。探问这个人，原来是长安的歌女，曾经向穆、曹两位琵琶大师学艺。后来年纪大了，红颜退尽，嫁给商人为妻。于是命人摆酒叫她畅快地弹几曲。她弹完后，有些闷闷不乐的样子，自己说起了少年时欢乐之事，而今漂泊沉沦，形容憔悴，在江湖之间辗转流浪。我离京调外任职两年来，随遇而安，自得其乐，而今被这个人的话所感触，这天夜里才有被降职的感觉。于是撰写一首长诗赠送给她，共六百一十六字，题为《琵琶行》。

秋夜我到浔阳江头送一位归客，冷风吹着枫叶和芦花秋声瑟瑟。
我和客人下马在船上饯别设宴，举起酒杯要饮却无助兴的音乐。
酒喝得不痛快更伤心将要分别，临别时夜茫茫江水倒映着明月。
忽听得江面上传来琵琶清脆声；我忘却了回归客人也不想动身。
寻着声源探问弹琵琶的是何人？琵琶停了许久却迟迟没有动静。
我们移船靠近邀请她出来相见；叫下人添酒回灯重新摆起酒宴。

千呼万唤她才缓缓地走出来，怀里还抱着琵琶半遮着脸面。
转紧琴轴拨动琴弦试弹了几声；尚未成曲调那形态就非常有情。
弦弦凄楚悲切声音隐含着沉思；似乎在诉说着她平生的不得志；
她低着头随手连续地弹个不停；用琴声把心中无限的往事说尽。
轻轻地拢，慢慢地捻，一会儿抹，一会儿挑。初弹《霓裳羽衣曲》接着再弹《六幺》。
大弦浑宏悠长嘈嘈如暴风骤雨；小弦和缓幽细切切如有人私语。
嘈嘈声切切声互为交错地弹奏；就像大珠小珠一串串掉落玉盘。

琵琶声一会儿像花底下宛转流畅的鸟鸣声，一会儿又像水在冰下流动受阻艰涩低沉、呜咽断续的声音。

好像水泉冷涩琵琶声开始凝结，凝结而不通畅声音渐渐地中断。
像另有一种愁思幽恨暗暗滋生；此时闷闷无声却比有声更动人。
突然间好像银瓶撞破水浆四溅；又好像铁甲骑兵厮杀刀枪齐鸣。
一曲终了她对准琴弦中心划拨；四弦一声轰鸣好像撕裂了布帛。
东船西舫人们都静悄悄地聆听；只见江心之中映着白白秋月影。
她沉吟着收起拨片插在琴弦中；整顿衣裳依然显出庄重的颜容。

第三十一课　卖炭翁

这是一首讽谕诗。作者以个别现象表现普遍现象，目的是要揭露宫市的弊端带给劳动人民的不幸，同时也表现了对下层劳动人民的深切同情。

这也是一首叙事诗，作者仅用 20 句 135 字，便完整地记述了一位卖炭老人烧炭、运炭和卖炭未成、被宫使掠夺的全部经过，层次清楚，脉络分明。在内容上，可分为三段。第一段由开头至“心忧”句，交代卖炭翁生活的艰辛和愿望。第二段，自“夜来”句至“市南”句，描述他进城卖炭。第三段，自“翩翩”句至结尾，写炭被掠夺。全诗有叙述，有描写，有细节，有对比。笔法简洁，语言精练，在概括、剪裁和渲染等方面，处处显出诗人的匠心。尤其是结尾处，不着一字，尽得风流，正如《唐宋诗醇》卷二十所说：“直书其事，而其意自见，更不用着一断语。”

卖炭翁[1]

唐·白居易

卖炭翁，伐薪烧炭南山[2]中。
满面尘灰烟火色[3]，两鬓苍苍[4]十指黑。
卖炭得钱何所营？身上衣裳口中食。
可怜身上衣正单，心忧炭贱愿天寒。
夜来城外一尺雪，晓[5]驾炭车辗[5]冰辙[5]。
牛困人饥日已高，市[6]南门外泥中歇。
翩翩两骑[7]来是谁？黄衣使者白衫儿[8]。
手把文书口称敕[9]，回车叱牛牵向北[10]。
一车炭，千余斤[11]，宫使驱将惜不得。
半匹红绡一丈绫[12]，系[13]向牛头充炭直[14]。

【注释】

（1）卖炭翁：此篇是组《新乐府》中的第 32 首，题注云："苦宫市也。"宫市，指唐代皇宫里需要物品，就向市场上去拿，随便给点钱，实际上是公开掠夺。唐德宗时用太监专管其事。

（2）南山：城南之山。

（3）烟火色：烟熏色的脸。此处突出卖炭翁的辛劳。

（4）苍苍：灰白色，形容鬓发花白。

（5）晓：天亮。辗（niǎn）：同"碾"，压。辙：车轮滚过地面辗出的痕迹。

（6）市：长安有贸易专区，称市，市周围有墙有门。

（7）骑（jì）：骑马的人。

（8）黄衣使者白衫儿：黄衣使者，指皇宫内的太监。白衫儿，指太监手下的爪牙。

（9）敕（chì）：皇帝的命令或诏书。

（10）牵向北：指牵向宫中。

（11）千余斤：不是实指，形容很多。

（12）半匹红绡一丈绫：唐代商务交易，绢帛等丝织品可以代货币使用。当时钱贵绢贱，半匹纱和一丈绫，比一车炭的价值相差很远。这是官方用贱价强夺民财。

（13）系（jì）：绑扎。这里是挂的意思。

（14）直：通"值"，指价格。

【译文】

有位卖炭的老翁，整年在南山里砍柴烧炭。

他满脸灰尘，显出被烟熏火燎的颜色，两鬓头发灰白，十个手指也被炭烧得很黑。

卖炭得到的钱用来干什么？买身上穿的衣裳和嘴里吃的食物。

可怜他身上只穿着单薄的衣服，心里却担心炭卖不出去，还希望天更寒冷。

夜里城外下了一尺厚的大雪，清晨，老翁驾着炭车碾轧冰冻的车轮印往集市上赶去。

牛累了，人饿了，但太阳已经升得很高了，他们就在集市南门外泥泞中歇息。

那得意忘形的骑着两匹马的人是谁啊？是皇宫内的太监和太监的手下。

太监手里拿着文书，嘴里却说是皇帝的命令，吆喝着牛朝皇宫拉去。

一车的炭，一千多斤，太监差役们硬是要赶着走，老翁是百般不舍，但又无可奈何。

那些人把半匹红纱和一丈绫，朝牛头上一挂，就充当炭的价钱了。

第三十二课　天净沙・秋思

导语

《天净沙・秋思》作为“秋思之祖”，不单单是因为它写出了秋的凄凉景致，更多的是它传达给人们的一种情绪。这首小令，短短 28 个字，通过描绘了一幅绝妙的深秋晚景图，把天涯游子怀才不遇的落寞、思乡不能归的悲凉、困顿不能解的凄楚书写得淋漓尽致。在历史的长河中，有多少为了追求终身的事业和理想的人，在追梦的路上茕茕孑立，形影相吊，用单薄的身体去感受着世间的冷暖和悲凉。

它运用了景物烘托的写法，将抒情主人公置于特定的氛围中，使主观感情和客观环境达到了高度的统一。前三行全是写景，十八字白描勾勒出这样一幅生动的深秋晚景图。“枯藤老树昏鸦。”这“枯”“老”“昏”三个词，描绘出当时诗人所处的悲凉氛围。“小桥流水人家”，描绘了一幅安宁、和谐的景象，与沦落异乡的游子相映，使图景带上悲凉的气氛。使“断肠人”更添悲愁。“古道西风瘦马”正是诗人当时自己的真实写照，他长期奔波与劳累已不言而喻了。这与归巢的昏鸦与团聚的人家真可谓构成了鲜明的对照。作者寄情于物表达天涯沦落人的凄苦之情。

马致远（约1250—1321或1324年间），字千里，号东篱，被后人誉为“马神仙”，汉族，元代著名戏曲家，元大都（今北京）人，原籍河北省东光县马祠堂村。他的年辈晚于关汉卿、白朴等人，与关汉卿、郑光祖、白朴并称“元曲四大家”。他的作品具有豪放中显其飘逸、沉郁中见通脱之风格。

天净沙·秋思

元·马致远

枯藤[1]老树昏鸦，
小桥流水人家[2]，
古道[3]西风瘦马。
夕阳西下，
断肠人[4]在天涯[5]。

【注释】

（1）枯藤：枯萎的枝蔓。昏鸦：黄昏时归巢的乌鸦。昏：傍晚。

（2）人家：农家。此句写出了诗人对温馨的家庭的渴望。

（3）古道：已经废弃不堪再用的古老驿道（路）或年代久远的驿道。西风：寒冷、萧瑟的秋风。瘦马：瘦骨如柴的马。

（4）断肠人：形容伤心悲痛到极点的人，此指漂泊天涯、极度忧伤的旅人。

（5）天涯：远离家乡的地方。

第三十三课　过故人庄

这是一首著名的田园诗。这首诗所描写看似一个普通的农庄，一次普通的农家宴请。但读完之后，却仿佛是一曲风光旖旎，清幽淡雅的田园交响曲，令人向往，令人回味。“故人具鸡黍，邀我至田家。”诗的首联从先写老朋友的邀约，极为亲昵，仿佛叙述家常。朋友有“邀”我就“至”，毫无渲染，简单而随便。“鸡黍”二字显出农家的淳朴和热情，不讲虚礼和排场，这才显出主客之间的真情。“绿树”两句写“故人庄”自然环境的优美。一近一远，把小村青山远映，绿树环绕的景象表现得生动逼真，传达出诗人愉快的心情。正是在这样的自然和社会环境中，宾主的心情才都很畅快。他们在开筵时打开窗户，面对宽敞平坦的场院和菜地谈起农事来。这联诗不仅能使我们领略到浓烈的农村风味，而且可以想象到主客谈话时的欢声笑语。最后一联写走的时候尚有不舍之意，余兴未尽，而要在明年的重阳节再来饮酒做客。主客间的欢洽和谐之情不言自现，而且也暗示出此次邀饮的时日。本诗为“不事工巧极自然者。”语淡而味浓，可谓孟诗的总体特征，本诗正体现了这种诗风。诗中生动地描绘了山村的自然风光和农家的生活情趣，一片宁静和谐，表现出一种淡泊的情志。

孟浩然（689—740 年），名浩，字浩然，世称孟襄阳，又称孟山人，襄州襄阳（现湖北襄阳）人，世称孟襄阳。是唐代著名的山水田园派诗人。

孟诗绝大部分为五言短篇，多写山水田园和隐居的逸兴以及羁旅行役的心情。其中虽不无愤世嫉俗之词，而更多属于诗人的自我表现。

孟浩然的诗在艺术上有独特的造诣，故后人把孟浩然与王维并称为“王孟”，有《孟浩然集》三卷传世。主要作品有《孟浩然集》《过故人庄》《春晓》《宿建德江》等。

过(1)故人庄

唐·孟浩然

故人具(2)鸡黍，邀我至田家。
绿树村边合(3)，青山郭(4)外斜。
开轩(5)面场圃，把酒(6)话桑麻。
待到重阳日，还来就菊花(7)。

【注释】

（1）过：拜访。

（2）具：准备，置办。鸡黍：指农家待客的丰盛饭食（字面指鸡和黄米）。黍（shǔ）：黄米，古代认为是上等的粮食。

（3）合：环绕。

（4）郭：古代城墙有内外两重，内为城，外为郭。这里指村庄的外墙。斜（xiá）：倾斜。因古需与上一句押韵，所以应读 xiá。

（5）轩：窗户。场圃：场，打谷场、稻场；圃，菜园。

（6）把酒：端着酒具，指饮酒。话桑麻：闲谈农事。桑麻：桑树和麻。这里泛指庄稼。

（7）就菊花：指饮菊花酒，也是赏菊的意思。就，靠近，指去做某事。

第三十四课　清　明

清明节的时候，诗人不能够回家扫墓，却孤零零一个人在异乡路上奔波，心里已经不是滋味；况且，天也不作美，阴沉着脸，将牛毛细雨纷纷洒落下来，眼前迷蒙蒙的，春衫湿漉漉的。路上羁旅过往之人个个落魄失魂。找个酒店避避雨，暖暖身，消消心头的愁苦吧，可酒店在哪儿呢？

诗人想着，便向路旁的牧童打听。骑在牛背上的小牧童用手向远处一指——哦，在那杏花深处的村庄，一面酒店的幌子高高挑起，正在招揽行人呢！

这首小诗，用优美生动的语言，描绘了一幅活灵活现的雨中问路图，抒发了孤身行路之人的情绪和希望。由于这首诗的广泛流传，“杏花村”三字在后世便成了酒家的雅号。

杜牧（803—约852年），字牧之，号樊川居士，汉族，京兆万年（今陕西西安）人。杜牧是唐代杰出的诗人、散文家，是宰相杜佑之孙，杜从郁之子。因晚年居长安南樊川别墅，故后世称“杜樊川”，著有《樊川文集》。杜牧的诗歌以七言绝句著称，内容以咏史抒怀为主，其诗英发俊爽，多切经世之物，在晚唐成就颇高。杜牧人称“小杜”，与李商隐并称“小李杜”。

清　明

唐·杜牧

清明[(1)]时节雨纷纷[(2)]，
路上行人欲断魂[(3)]。
借问[(4)]酒家何处有？
牧童遥指杏花村[(5)]。

【注释】

（1）清明：二十四节气之一，在阳历四月五日前后。

（2）纷纷：形容多。

（3）欲断魂：形容伤感极深，好像灵魂要与身体分开一样。断魂：神情凄迷，烦闷不乐。

（4）借问：请问。

（5）杏花村：杏花深处的村庄。今在安徽贵池秀山门外。受此影响，后人多用“杏花村”作酒店名。

第三十五课　虞美人·春花秋月何时了

这首词是李煜囚居汴京时所作。当时李煜由南唐国君一下子变为宋朝的囚犯，不仅仅失去了居高无上的皇帝的地位和权力，更残酷的是也失去了最起码的人身自由。残酷的现实使他“日夕以泪洗面”，这使他产生了特有的悲与愁。这首词倾泻的就是作者的怀念亡国之痛，哀叹朱颜已改的情怀。

“春花秋月”和“小楼东风”原本是令人赏心悦目的，可在李煜的笔下寓意却变了，一个“何时了”，一个“又”，把原本令人向往和盼望的良辰美景和春天醉人的信息变得蒙上了一层凄苦和哀愁。究其缘由，那就是越是这良辰美景越是容易触发起作者的怀旧情结和思念故国的伤痛。“故国不堪回首”，连回忆一下故国的过去都“不堪”，又怎能愿意见这年年如故的春花秋月和报春的东风呢。每轮回一次，那就意味着又被囚禁了一年啊。这与李煜当时所处的境遇是分不开的。

“问君能有几多愁？恰似一江春水向东流”，发前人未所发之愁。以水喻愁，一句巧妙的比喻，贴切生动地将抽象的感情形象化、具体化了，将那看不见摸不着的愁思变成了有形的、永无止境的一江春水，创造了意想不到的艺术效果。这也成了李煜词的主要特点，对后人的影响很大。作品通篇一气盘旋，曲折动荡，如泣如诉，动人心魄。

全词写的是亡国之痛，抒的是念国之情，意境深远，感情真挚，结构精妙，语言深沉。尽管词作篇幅短小，但余味无穷，能使读者产生强烈的共鸣。堪称为婉约派作品之绝唱。

李煜（937—978 年），或称李后主，为南唐的末代君主。李煜原名从嘉，字重光，号钟山隐士、钟峰隐者、白莲居士、莲峰居士等。政治上毫无建树的李煜在南唐灭亡后被北宋俘虏，但是却成为了中国历史上首屈一指的词人，被誉为词中之帝，作品千古流传。

虞美人·春花秋月何时了[1]

唐·李煜

春花秋月何时了[2]？往事知多少。小楼昨夜又东风，故国[3]不堪回首月明中。

雕栏玉砌[4]应犹在，只是朱颜改[5]。问君[6]能有几多愁？恰似一江春水向东流。

【注释】

（1）此调原为唐教坊曲，初咏项羽宠姬虞美人在死后，地下开出一朵鲜花，因以此为名。又名《一江春水》《玉壶水》《巫山十二峰》等。双调，五十六字，上下片各四句，皆为两仄韵转两平韵。

（2）了：了结，完结。

（3）故国：指南唐故都金陵（今南京）。

（4）砌：台阶。雕栏玉砌：指远在金陵的南唐故宫。

（5）朱颜改：指所怀念的人已衰老。朱颜，红颜，少女的代称，这里指南唐旧日的宫女。

（6）君：作者自称。

第三十六课　水调歌头·明月几时有

这首脍炙人口的中秋词，作于宋神宗熙宁九年（1076 年），即丙辰年的中秋节，为作者醉后抒情，表达思念弟弟苏辙之情。

上阙表现词人由超尘出世到热爱人生的思想活动，侧重写天上。开篇“明月几时有”一句，通过向青天发问，把读者的思绪引向广漠太空的神仙世界。“不知天上宫阙，今夕是何年”以下数句，笔势夭矫回折，跌宕多彩。它说明作者在“出世”与“入世”之间徘徊的困惑心态。“我欲乘风归去，又恐琼楼玉宇，高处不胜寒”几句，写词人对月宫仙境产生的向往和疑虑，寄寓着作者出世、入世的双重矛盾心理。“起舞弄清影，何似在人间！”，写词人的入世思想战胜了出世思想，表现了词人执着人生、热爱人间的感情。

下阙融写实为写意，化景物为情思，表现词人对人世间悲欢离合的解释，侧重写人间。“转朱阁，低绮户，照无眠”三句，实写月光照人间的景象，由月引出人，暗示出作者的心事浩茫。“不应有恨，何事长向别时圆”两句，承“照无眠”而下，笔致淋漓顿挫，借见月而表达作者对亲人的怀念之情。“人有悲欢离合，月有阴晴圆缺，此事古难全”三句，写词人对人世悲欢离合的解释，表明作者洒脱、旷达的襟怀，齐庞辱，忘得失，超然物外。结尾“但愿人长久，千里共婵娟”，转出更高的思想境界，向世间所有离别的亲人（包括自己的兄弟），发出深挚的慰问和祝愿，给全词增加了积极奋发的意蕴。词的下阙，笔法大开大合，笔力雄健浑厚，高度概括了人间天上与世事自然中错综复杂的变化，表达了作者对美好幸福生活的向往，既富于哲理，又饱含感情，是难得的名篇佳作。

苏轼（1037—1101 年），字子瞻，号东坡居士，北宋文学家、书画家。与欧阳修并称欧苏，为“唐宋八大家”之一；词开豪放一派，对后世有巨大影响，与辛弃疾并称苏辛。著有《苏东坡全集》和《东坡乐府》等。

水调歌头·明月几时有

宋·苏轼

明月几时有？把酒[1]问青天。不知天上宫阙[2]，今夕是何年[3]。我欲乘风归去[4]，又恐琼楼玉宇[5]，高处不胜寒。起舞弄清影[6]，何似在人间！

转朱阁[7]，低绮户[8]，照无眠[9]。不应有恨，何事长向别时圆？人有悲欢离合，月有阴晴圆缺，此事古难全。但愿人长久，千里共婵娟[10]。

【注释】

（1）把酒：端起酒杯。

（2）宫阙（què）：宫殿。

（3）今夕是何年：古代神话传说，天上只三日，世间已千年。古人认为天上神仙世界年月的编排与人间是不相同的，所以，作者有此一问。

（4）乘风归去：驾着风，回到天上去。作者在这里浪漫地认为自己是下凡的神仙。

（5）琼楼玉宇：白玉砌成的楼阁，相传月亮上有这样的美丽建筑，指月宫。

（6）弄清影，在月光下起舞，自己的影子也翻动不已，仿佛自己和影子一起嬉戏。

（7）朱阁：朱红色的楼阁。

（8）绮（qǐ）户：刻有纹饰的门窗。

（9）照无眠：照着有心事而睡不着的人。

（10）婵娟：月上的嫦娥，代指月亮。

第三十七课　勉谕儿辈

导语

这首诗通过分析节俭同奢侈的关系，勉励我们不要乱花费钱财，要形成良好的生活习惯，不要等失去的时候再后悔。在我们这个高消费的时代，重温一下先贤有关俭朴的教诲，很有现实意义。节俭不仅是一种个人的生活态度，也是对资源和环境的一种保护，要培养，要坚持！

	周怡（1505—1569 年），字顺之、号讷溪，谥恭节，明代仙源人，明朝政治人物、进士出身。周全之孙、周本秀之子、周忭、周恪之兄。刚正直言，嘉靖二十二年六月，史部尚书许瓒揭发大学士严嵩擅权，遭世宗斥责。因上《劾大臣不和疏》，历数千言，切中时弊。世宗大怒。以中伤朝廷罪被庭杖下锦衣卫狱。穆宗即位时被复用，擢太常少卿。著有《讷溪文集》27 卷，书目入《四库全书》。

勉谕儿辈

明·周怡

由俭入奢[(1)]易，由奢入俭难。饮食衣服，若思得之艰难，不敢轻易费用[(2)]。酒肉一餐，可办粗饭[(3)]几日；纱绢[(4)]一匹，可办[(5)]粗衣几件。不馋[(6)]不寒足矣，何必图好吃好着[(7)]？常将有日思无日，莫待无时思有时，则子子孙孙常享温饱矣。

【注释】

（1）奢：奢侈。
（2）费用：花费钱财。

（3）粗饭：粗茶淡饭

（4）纱绢：一种细薄的丝织品。

（5）办：用来做成。

（6）馁：这里指饥饿的意思。

（7）着：穿。

【译文】

从节俭变得奢侈是容易的，从奢侈变得节俭就困难了。饮食穿衣，如果想到来之不易，就不会轻易地浪费钱财了。每一顿饭吃肉喝酒，可以置办几天的粗茶淡饭；一匹绸缎，可以置办几件平常的衣服。不饿不冷就够了，何必图个吃好穿好？经常在拥有的时候想着没有的时候，不要等到失去的时候再想着拥有的时候，那么子子孙孙（就能）常常享受到温饱了。

第三十八课　我为少男少女们歌唱

《我为少男少女们歌唱》是一首广为流传的抒情诗，至今还给人很大的美感。这首诗以明快的思想鼓舞人，以炽烈的感情感动人，以优美的语言吸引人。这首诗保持了诗人前期诗作中的丰富想象和生动描写的特色，同时又有新的创造和发展。

全诗四节，结构严谨。第一节写了歌唱的是什么。不难看出，“早晨”“希望’等等，并非具体的形象，而是观念性的名词。这开始一节就给作者自己设置了一个不小的障碍，出了一个难题，因为直白的手法较难获得艺术感染力。这个平淡的开篇预示着在第二节必须有妙笔加以转换。果然，在第二节中，出现了“飞到年轻人心中，去找你停留的地方”这样的佳句。这就使第一节中所有的观念，似乎都获得了形体，诗的意境也由此逐渐形成。第三节着眼于“飞”，使第二节更具有实感，写出两个漂亮的意象：“不管它像一阵微风／或者一片阳光”。诗人是运用意象的能手，他在第三节这样写，就使得一、二两节诗腾空而起，化为微风，化为阳光，显得活泼而空灵。最后一节情绪一转，诗人又用了一个绝妙的意象：“轻轻地从我琴弦上／失掉了成年的忧伤”，使之与全诗起句的“歌唱”相呼应，并紧接着出现最后三行，构成了浑然一体的意境。

诗是写给少男少女的，但真正的主体是“我”。通过全诗，读者看到了诗人鲜明的形象，听到了他深情的歌喉，他是如此真诚，又是如此激动地在歌唱。诗人把他的一片赤诚之心捧给了我们。

何其芳（1912—1977年），重庆万州人。中国现代著名诗人，散文家，文学评论家，“红学”理论家。1929年后在上海中国公学、北京清华大学外文系、北京大学哲学系学习。北京大学哲学系毕业，是“汉园三诗人”之一。早在学生时代即从事诗歌创作，最初创作主要有：散文集《画梦录》（成名作），诗集《预言》，对红楼梦的研究也颇有建树。

我为少男少女们歌唱

何其芳

我为少男少女们歌唱。
我歌唱早晨，
我歌唱希望，
我歌唱那些属于未来的事物，
我歌唱正在生长的力量。

我的歌呵，
你飞吧，
飞到年轻人的心中
去找你停留的地方。

所有使我像草一样颤抖过的
快乐或者好的思想，
都变成声音
飞到四方八面去吧，
不管它像一阵微风
或者一片阳光。

轻轻地从我琴弦上
失掉了成年的忧伤，
我重新变得年轻了，
我的血流得很快，
对于生活我又充满了梦想，充满了渴望。

第三十九课 乡 愁

作者把无形的乡愁比喻化为四种事物，可见作者愁思之重。小时候，作者将乡愁寄托在给家人的书信里，所以将乡愁比喻为邮票；长大后，作者和家人分居两地，很难与家人相见，于是将乡愁寄托在回家的船上，所以把乡愁比喻为船票；后来，母亲去世，作者与母亲再也不能见面，于是作者就将乡愁比喻为坟墓；现在，由于人为的原因，海峡两岸的同胞不能团聚，作者将自己的乡愁比喻为台湾海峡，表达了他期盼祖国统一的强烈愿望。

台湾诗人余光中先生以“乡愁诗人”著称，这首《乡愁》写出了海外游子的思归之情，洋溢着诗人魂牵梦绕的“中国情结”。

余光中，祖籍福建永春，1928 年 10 月 21 日生于江苏南京，1948 年随父母迁香港，次年赴台。1953 年，与覃子豪、钟鼎文等共创“蓝星”诗社。后赴美进修，获爱荷华大学艺术硕士学位，现任台湾中山大学文学院院长。

乡 愁

余光中

小时候，
乡愁是一枚小小的邮票[1]，
我在这头，
母亲在那头。

长大后，
乡愁是一张窄窄的船票，
我在这头，
新娘在那头。

后来啊，
乡愁是一方矮矮的坟墓，
我在外头，
母亲在里头。

而现在，
乡愁是一湾浅浅的海峡[2]，
我在这头，
大陆在那头。

【注释】

（1）邮票：邮政机关发行，供寄递邮件贴用的邮资凭证。
（2）海峡：台湾海峡，中国福建省与台湾省之间连通南海、东海的海峡。

第四十课　你是人间四月天

这首诗的魅力和优秀并不仅仅在于意境的优美和内容的纯净，还在于形式的纯熟和语言的华美。诗中采用重重叠叠的比喻，意象美丽而丝毫无雕饰之嫌，反而愈加衬出诗中的意境和纯净——在华美的修饰中更见清新自然的感情流露。在形式上，诗歌采用新月诗派的诗美原则：讲求格律的和谐、语言的雕塑美和音律的乐感。这首诗可以说是这一原则的完美体现，词语的跳跃和韵律的和谐几乎达到了极致。

这首诗穷尽了作者之想象，把“你”——心中的理想——比喻成“人间的四月天”，充满诗情画意，柔情蜜意，“人间的四月天”，是爱，是希望，是温暖，是幸福。因为在“人间的四月天”里，有和煦的微风在融融的春光里飞舞，有黄昏的云烟弥漫，有繁星在夜空闪烁，有细雨洒落在花瓣，有百花的润泽鲜鲜和婀娜多姿，有夜夜的月光皎洁明净如水。在“人间的四月天”里，有雪后的鹅黄，芽的嫩绿，莲的洁白，有一树一树的繁华绽放，有一双一双的春燕呢喃。一切的一切，都让诗人热爱、眷恋。那鹅黄，是初放的生命；那绿色，蕴含着无限的生机。那柔嫩的生命，新鲜的景色，在这样的季节里泛着神圣的光。这神圣和佛前的圣水一样，明净、澄澈；和佛心中的白莲花一样，美丽、带着爱的光辉。这样的季节里，“你”已经超越了这样的季节。“你是一树一树的花开，是伴春飞翔的燕子——美丽轻灵，带着爱、温暖和希望。

林徽因（1904—1955年），女，原名林徽音，汉族，福建省闽侯县人，建筑师、教授、诗人、作家，是中国第一位女性建筑学家。著有散文、诗歌、小说、剧本、译文和书信等，代表作《你是人间四月天》《莲灯》《九十九度中》等。其中，《你是人间四月天》最为大众熟知，广为传诵。林徽因被胡适誉为中国一代才女，也被认为是20世纪中国的才女。

你是人间四月天
——一句爱的赞颂

林徽因

我说你是人间的四月天；
笑音点亮了四面风；轻灵
在春的光艳中交舞着变。

你是四月早天里的云烟，
黄昏吹着风的软，星子在
无意中闪，细雨点洒在花前。

那轻，那娉婷[(1)]，你是，鲜妍
百花的冠冕[(2)]你戴着，你是
天真，庄严，你是夜夜的月圆。

雪化后那片鹅黄，你像；新鲜
初放芽的绿，你是；柔嫩喜悦，
水光浮动着你梦期待中白莲。

你是一树一树的花开，是燕
在梁间呢喃[3]，——你是爱，是暖，
是希望，
你是人间的四月天！

【注释】

（1）娉婷（pīng tíng）：女子姿态美好的样子。
（2）冠冕（guān miǎn）：古代皇冠或官员的帽子，比喻受人拥戴或出人头地。
（3）呢喃（ní nán）：象声词，形容像燕子叫声那样的轻声细语。

第四十一课 行路难

公元 742 年（天宝元年），李白奉诏入京，担任翰林供奉。李白本是个积极入世的人，被世人称作“诗仙”，他才高志大，很想像管仲、张良、诸葛亮等杰出人物一样干一番大事业，可是入京后，却没被唐玄宗重用，还受到权臣的谗毁排挤，两年后被“赐金放还”，变相撵出了长安。李白被逼出京，朋友们都来为他饯行，求仕无望的他深感仕路的艰难，满怀愤慨写下了此篇《行路难》。

这首诗一共十四句，八十二个字，在七言歌行中只能算是短篇，但它跳荡纵横，具有长篇的气势格局。其重要的原因之一，就在于它百步九折地揭示了诗人感情的激荡起伏、复杂变化。诗的一开头，“金樽美酒”，“玉盘珍羞”，让人感觉似乎是一个欢乐的宴会，但紧接着“停杯投箸”、“拔剑四顾”两个细节，就显示了感情波涛的强烈冲击。中间四句，刚刚慨叹“冰塞川”、“雪满山”，又恍然神游千载之上，仿佛看到了吕尚、伊尹由微贱而忽然得到君主重用。诗人心理上的失望与希望、抑郁与追求，急遽变化交替。“行路难，行路难，多歧路，今安在？”四句节奏短促、跳跃，完全是急切不安状态下的内心独白，逼肖地传达出进退失据而又要继续探索追求的复杂心理。结尾二句，经过前面的反复回旋以后，境界顿开，唱出了高昂乐观的调子，相信他自己的理想抱负总有实现的一天。通过这样层层迭迭的感情起伏变化，既充分显示了黑暗污浊的政治现实对诗人的宏大理想抱负的阻遏，反映了由此而引起的诗人内心的强烈苦闷、愤郁和不平，同时又突出表现了诗人的倔强、自信和他对理想的执着追求，展示了诗人力图从苦闷中挣脱出来的强大精神力量。

李白（701 年—762 年），字太白，号青莲居士，又号“谪仙人”，是唐代伟大的浪漫主义诗人，被后人誉为“诗仙”，与杜甫并称为“李杜”，为了与另两位诗人李商隐与杜牧即“小李杜”区别，杜甫与李白又合称“大李杜”。其人爽朗大方，爱饮酒作诗，喜交友。

李白深受黄老列庄思想影响，有《李太白集》传世，诗作中多以醉时写的，代表作有《望庐山瀑布》、《行路难》、《蜀道难》、《将进酒》、《梁甫吟》、《早发白帝城》等多首。

行路难[1]·其一

唐代·李白

金樽清酒斗十千，玉盘珍羞[2]直万钱。（羞 通：馐；直 通：值）
停杯投箸[3]不能食，拔剑四顾心茫然。
欲渡黄河冰塞川，将登太行[4]雪满山。（雪满山 一作：雪暗天）
闲来垂钓碧溪上，忽复乘舟梦日边[5]。（碧 一作：坐）
行路难！行路难！多歧路[6]，今安在？
长风破浪[7]会有时，直挂云帆[8]济沧海。

【注释】

（1）行路难：选自《李白集校注》，乐府旧题。金樽（zūn）：古代盛酒的器具，以金为饰。清酒：清醇的美酒。斗十千：一斗值十千钱（即万钱），形容酒美价高。

（2）玉盘：精美的食具。珍羞：珍贵的菜肴。羞：同“馐”，美味的食物。直：通“值”，价值。

（3）投箸：丢下筷子。箸（zhù）：筷子。不能食：咽不下。茫然：无所适从。

（4）太行：太行山。

（5）闲来垂钓碧溪上，忽复乘舟梦日边：这两句暗用典故：姜太公吕尚曾在渭水的磻溪上钓鱼，得遇周文王，助周灭商；伊尹曾梦见自己乘船从日月旁边经过，后被商汤聘请，助商灭夏。这两句表示诗人自己对从政仍有所期待。碧：一作“坐”。忽复：忽然又。

（6）多歧路，今安在：岔道这么多，如今身在何处？歧：一作“歧”，岔路。安：哪里。

（7）长风破浪：比喻实现政治理想。据《宋书·宗悫传》载：宗悫少年时，叔父宗炳问他的志向，他说：“愿乘长风破万里浪。”会：当。

（8）云帆：高高的船帆。船在海里航行，因天水相连，船帆好像出没在云雾之中。济：渡。

【译文】

金杯里装的名酒，每斗要价十千；玉盘中盛的精美菜肴，收费万钱。
胸中郁闷啊，我停杯投箸吃不下；拔剑环顾四周，我心里委实茫然。
想渡黄河，冰雪堵塞了这条大川；要登太行，莽莽的风雪早已封山。
像吕尚垂钓溪，闲待东山再起；又像伊尹做梦，他乘船经过日边。
世上行路呵多么艰难，多么艰难；眼前歧路这么多，我该向北向南？
相信总有一天，能乘长风破万里浪；高高挂起云帆，在沧海中勇往直前！

第四十二课　再别康桥

诗人一开头用三个轻轻的，写作别母校的离别情绪，给人一种宁静的氛围，同时也把自己对康桥的缠绵之情淋漓尽致地表现了出来。在诗人的心中，康桥已经被理想化、诗化了。诗人对那里的一草一木，无不饱含着深情厚意。西天的云彩，河畔的金柳，软泥上的青荇，榆荫下的清泉，星光斑斓的夜色，沉默的夏虫，无一不被理想化、诗化、人格化。康河边那婀娜多姿的翠柳被夕阳染成灿烂的金色，宛如戴着红盖头的美丽动人的新娘，夕阳又把她的艳影投入微波荡漾的康河。诗人完全沉醉在这如诗如画的黄昏美景中，他神思恍惚，心儿似乎又成了康河的水波，那新娘的艳影在我的心头荡漾。诗人对康桥是那么痴迷，以至于当他看到软泥上的青荇，油油的在水底招摇时，顿生羡慕之情。他竟甘心做一条水草，渴望如那水草一般永远生活在康河柔波的爱抚中，榆荫下那一潭清泉也被夕阳点染的绚丽迷人，仿佛是那七色的彩虹揉碎在浮藻间，沉淀着彩虹似的梦。

诗人在康河留连忘返，夜色降临还不忍离去，他撑一支长篙，向青草更深处漫溯，在星辉斑斓的康桥夜色中泛舟寻梦，这里最宜放歌的时候，但诗人已无心放歌，夏虫也为我沉默，沉默是今晚的康桥！一切都在不言中，真是“此时无声胜有声”！这样自然而然的引出了最后一节那种“悄悄的”心情。诗人带着几分眷恋，几分惆怅，在沉默中悄然离去。

《再别康桥》就是一幅美丽的无形画，诗的每一节都可以称得上是一幅迷人的图画，正可谓：诗中有画、画中有诗！全诗节奏鲜明，而且每节都自然换韵，读来抑扬顿挫，琅琅上口。整齐中富于变化，使全诗充满了错落有致的美感！

徐志摩（1897—1931 年），原名章垿，字槱森，后改字志摩，浙江海宁人，中国著名新月派现代诗人，散文家，亦是著名武侠小说作家金庸的表兄。留学英国剑桥期间深受西方教育的熏陶及欧美浪漫主义和唯美派诗人的影响，奠定其浪漫主义诗风。

1924 年与胡适、陈西滢等创办《现代诗评》周刊。1928 年 3 月，创办《新月》月刊，同年 11 月 6 日，作《再别康桥》。1931 年 11 月 19 日因飞机失事罹难。

再别康桥

徐志摩

轻轻的我走了，
正如我轻轻的来；
我轻轻的招手，
作别西天的云彩。

那河畔的金柳，
是夕阳中的新娘；
波光里的艳影，
在我的心头荡漾。

软泥上的青荇，
油油的在水底招摇；
在康桥的柔波里，
我甘心做一条水草！

那榆荫[1]下的一潭，
不是清泉，
是天上虹 揉碎在浮藻
沉淀着彩虹似的梦。

寻梦？撑一支长篙[2]，
向青草更青处漫溯[3]，
满载一船星辉，
在星辉斑斓里放歌。

但我不能放歌，
悄悄是别离的笙箫；
夏虫也为我沉默，
沉默是今晚的康桥！

悄悄的我走了，
正如我悄悄的来；
我挥一挥衣袖，
不带走一片云彩。

【注释】

（1）榆荫（yú yīn）：榆树下的树阴。
（2）篙（gāo）：用竹竿或杉木等制成的撑船工具。
（3）溯（sù）：逆着水流的方向走。

第四十三课　相信未来

《相信未来》一诗，以其深刻的思想、优美的意境、琅琅上口的诗风让人们懂得了在逆境中，怎样好好地生活，怎样自我鼓励，怎样矢志不渝地恪守自己对明天的承诺！

这首诗歌掷地有声，在铿锵、沧桑和力量中描述和预言了一个时代，甚至也预言了他自己的一生，诗中情绪对比非常强烈，由失望到满怀希望，在反复跌宕起伏中演绎出人生的真理，叫人在从凄凉中看到悲壮，在心酸中对生活和生命充满信心，有着非比寻常的向上和感人的力量。每当我困窘时，情不自禁就会背出其中的句子，心里顿然有了自信，感受到人生，很悠远，很醇香，很短暂，也很漫长，那种荡漾生命厚度的纯然声音余音绕梁。人活着真的没必要对现实和周围太计较什么，唯有相信未来，唯有热爱生命。朗读这首诗，虽然我们感受更多的不是轻松而是压抑；不是快乐而是痛苦。但从诗人那压抑和痛苦的吟诵中，我们也真切地感受到了诗人那撼人心魄的信念——无时不在渴望和憧憬着光明的未来，以及为理想和光明而奋斗挣扎。

食指（1948 年—），本名郭路生，因母亲在行军途中分娩，所以起名路生。笔名食指，中国著名诗人，朦胧诗代表人物，被誉为“朦胧诗鼻祖”、新诗潮诗歌第一人。小学开始热爱诗歌，20 岁时写的名作《相信未来》《海洋三部曲》《这是四点零八分的北京》等以手抄本的形式在社会上广为流传。2001 年 4 月 28 日与已故诗人海子共同获得第三届人民文学奖诗歌奖。著有诗集《相信未来》《食指、黑大春现代抒情诗合集》《诗探索金库·食指卷》《食指的诗》。

相信未来

食指

当蜘蛛网无情地查封了我的炉台
当灰烬的余烟叹息着贫困的悲哀
我依然固执地铺平失望的灰烬
用美丽的雪花写下：相信未来

当我的紫葡萄化为深秋的露水
当我的鲜花依偎在别人的情怀
我依然固执地用凝霜的枯藤
在凄凉的大地上写下：相信未来

我要用手指那涌向天边的排浪
我要用手掌那托住太阳的大海
摇曳[(1)]着曙光那枝温暖漂亮的笔杆
用孩子的笔体写下：相信未来

我之所以坚定地相信未来
是我相信未来人们的眼睛
她有拨开历史风尘的睫毛
她有看透岁月篇章的瞳孔

不管人们对于我们腐烂的皮肉
那些迷途的惆怅、失败的苦痛
是寄予感动的热泪、深切的同情
还是给以轻蔑的微笑、辛辣的嘲讽

我坚信人们对于我们的脊骨[(2)]
那无数次的探索、迷途、失败和成功
一定会给予热情、客观、公正的评定
是的，我焦急地等待着他们的评定

朋友，坚定地相信未来吧
相信不屈不挠的努力
相信战胜死亡的年轻
相信未来、热爱生命

【注释】

（1）摇曳（yè）：指逍遥；轻轻地摆荡，形容东西在风中轻轻摆动的样子。
（2）脊（jǐ）骨：象征一个民族的脊梁。

第四十四课　假如生活欺骗了你

《假如生活欺骗了你》写于普希金被沙皇流放的日子里。那时俄国革命如火如荼，诗人却被迫与世隔绝。在这样的处境下，诗人仍没有丧失希望与斗志，他热爱生活，执著地追求理想，相信光明必来，正义必胜。诗中阐明了这样一种积极乐观的人生态度：当生活欺骗了你时，不要悲伤，不要心急；在苦恼之时要善于忍耐，一切都会过去，未来是幸福、美好的。生活中不可能没有痛苦与悲伤，欢乐不会永远被忧伤所掩盖，快乐的日子终会到来。第二节，诗人表达了心儿永远向着未来的积极人生态度，并告诉人们，当越过艰难困苦之后再回首那段往事时，那过去的一切便会变得美好起来。这是诗人人生经验的总结，也是生活的真谛。

亚历山大·谢尔盖耶维奇·普希金，1799 年 6 月 6 日（俄历 5 月 26 日）是俄国著名的文学家、诗人、小说家及现代俄国文学的创始人。19 世纪俄国浪漫主义文学主要代表，同时也是现实主义文学的奠基人，普希金被称为“俄国文学之父”“俄国诗歌的太阳”。

假如生活欺骗了你

普希金

假如生活欺骗了你，
不要悲伤，不要心急！
忧郁的日子里需要镇静：
相信吧，快乐的日子将会来临。
心儿永远向往着未来；
现在却常是忧郁：
一切都是瞬息，
一切都将会过去；
而那过去了的，
就会成为亲切的怀恋[1]。

【注释】

（1）怀恋：意思是怀念，对过去往事（人或事物）的一种思恋（眷恋）状态。

第四十五课　我们去看海

《我们去看海课文》是一首儿童诗，表达了作者对海边的向往。这首诗，作者用轻快的诗句，写出了自己赞美大海、热爱大海的情感，诗的第一节说我们去看海，是一种邀请的形式，这一节与最后一节相互照应。第二节和第三节运用了修辞方法，用了比喻中的暗喻和拟人手法，说海里的资源丰富，有陆地上没有的东西，好像一个大宝库。我们在海里玩耍，歌声和笑声伴着我们溅起海水，溅起水花的声音像歌一样，我们在海的怀抱里，运用了拟人的方法将我们和大海融为一体了。看海，他们去过许多回，都十分的兴奋愉快。同时，作者希望我们的胸怀像海一样宽大。在作者的十四行诗句中，我们吟诵着，不难体会着作者热爱大海的思想感情。流露在他诗里的感情，是美的；展现在他诗里的生活，是美的；反映在他诗里的自然，更是美的。生活的美、人情的美、自然的美使他的诗给了我们一个很美很美的世界。那是一个明丽而和谐的世界；那是一个善良而友爱的世界；那是一个人与自然相互沟通了的世界。这个世界是童话的，也是真切的。是诗人用童话的眼睛反映出的世界，用童话的心灵感应出的世界。

金波，1935 年 7 月生于北京。大学时代开始文学创作。出版过诗集《回声》《绿色的太阳》《我的雪人》《在我和你之间》《林中月夜》《风中的树》《带雨的花》《我们去看海——金波儿童十四行诗》等十余部；童话集《小树叶童话》《金海螺小屋》《苹果小人儿的奇遇》《眼睛树》《影子人》《白城堡》《追踪小绿人》等多部；此外还出版有散文集《等待好朋友》《等你敲门》《感谢往事》。评论集《追寻小精灵》。选集《金波儿童诗选》《金波作品精选》《金波诗词歌曲集》等。多篇作品被收入中小学语文和音乐课本。作品曾多次获得国家图书奖、“五个一工程”奖、中国作家协会全国优秀儿童文学奖、宋庆龄儿童文学奖、冰心图书奖等。1992 年获国际安徒生奖提名。

我们去看海

金波

走啊，一起走，我们去看海
海风已吹进我们的心中
耳边已响起潮声澎湃
走啊，去看海，海是我们的梦

海的胸怀如此的宽大
海的家园如此的富足
海是我们的另一个家
看见海，就像走进了宝库

我们在海的怀抱里跳跃
歌声笑声溅起鲜亮的花朵
海在我们的怀抱里欢笑
潮起潮落都有动听的歌

去看海，一路唱着热情的歌曲
去看海，有读不完的生命启迪

第四十六课 诚实是一块画布

这是一篇议论文，“诚实是一块画布”这个标题采用比喻修辞手法，激发读者的兴趣，并且暗示中心论点，诚实是做人的基础，没有它，人生就失去了依托，从而突出了诚实的重要性。

文章摆事实，讲道理，一个人拥有才华却无法施展抱负，那也许品格出了问题。品格是道德所滋养的花朵，通过曼德拉和鲁迅的事例加以论证，使论证更具体，更有说服力。“并非所有的人都需要别人的才华，但所有的人都看重诚实”和标题相呼应，再次点出文章的中心。

鲍尔吉·原野，姓“鲍尔吉”，即蒙古族诸部落中黄金家族的命号，祖籍内蒙古自治区哲里木盟科左后旗。现为辽宁省公安厅专业作家，辽宁省作协副主席。1981 年开始发表作品，已出版散文集《草木山河》等数十部作品。小说、散文、诗歌、文学报告等均多次获奖。鲍尔吉·原野与歌手腾格尔、画家朝戈被称为中国文艺界的“草原三剑客”。他的作品豪放，幽默，睿智，雅洁，朴实，细腻，有童心。

诚实是一块画布

鲍尔吉·原野

没有人拒绝才华。

一个人拥有才华，却郁郁不得施展，除去环境与机遇等方面的原因，也许在品格上出了问题。品格并不能用好与坏这种两极的看法来衡量，意志力、忍耐力、协调能力、眼界等都是品格的外在表现。它与道德有关，与知识也有关，更多时候服从于天性。天性与磨练决定着品格。

一个温和的好人，不一定是一个卓越的人，譬如[(1)]不一定能在担当大局时忍辱负重。但一个战场上的指挥官，则必须坚定、沉着、顽强。此时，是品格而不是才华指引她走出困境。

品格是道德所滋养的花朵。

大难当头，所有的生路都在善的路标上。对天地与他人的悲悯[(2)]，使无数的人走向了光明。曼德拉[(3)]在狱中漫漫 27 年，能够支持他活下来的，是对祖国对民族的热望。这种热望给了他钢铁般的意志，无人能够摧垮。

道德的泉水会在最高的地方催生才华。有人说“文人无行”。文人不乏才华，但无行的文人其才华显然还不够耀眼。正如雪莲在山顶开放，绝世的才华只有善良能够催生。鲁迅最伟大的作品字字交织着民族——一个苦难的、濒死的母亲——的命运。

因此，仁慈、纯洁、诚实是人生之树的土壤，决定着这一棵树的高大与粗壮。知识可以从外界索取，谈吐与礼仪可以后天获得，但诚实与仁爱，除了内心，我们要到那里获取？

诚实是一块画布，正如品格是构图，才华是颜料，她是一幅精美制作的底衬。当人们只注意到画面的五彩缤纷时，会忘掉背景以及画布。但没有画布——朴素而平凡的的亚麻布，就使所有的色彩失去了依托。

即使在今天，人们求知若渴、求贤若渴，但竞争到最后，仍然是心灵的较量。越是才华横溢，别人越是疑心他的才华背后是否有端正的心术。然而，即使缺少才华，仁慈、纯洁与诚实仍然会为自己赢得一席之地。

并非所有的人都需要过人的才华，但所有的人都应当看重诚实。

【注释】

（1）譬如（pì rú）：比如。

（2）悲悯（bēi mǐn）：哀伤而同情。

（3）曼德拉：纳尔逊•罗利赫拉赫拉·曼德拉，南非前总统1918年7月18日出生于南非特兰斯凯一个大酋长家庭，先后获南非大学文学士和威特沃特斯兰德大学律师资格，当过律师。曼德拉自幼性格刚强，崇敬民族英雄。他是家中长子而被指定为酋长继承人。但他表示：“决不愿以酋长身份统治一个受压迫的部族”，而要“以一个战士的名义投身于民族解放事业”。他毅然走上了追求民族解放的道路。2013年12月6日去世，享年95岁。

第四十七课　种子的梦

导语

这首诗是当代著名诗人柯岩20世纪80年代的作品。当时正值改革开放初期，噩梦刚刚结束，光明即将到来，诗人用“种子的梦”为题，用浅显、形象、人性化的语言向我们描述了种子的梦想，抒发了作者在艰苦环境下不畏艰险，敢于拼搏的精神，抒发她对美好生活的向往和对祖国新生的一种寄托！

柯岩，原名冯恺，原籍广东南海，1929年7月14日生于河南郑州。1949年起，先后在中国青年艺术剧院、中国儿童艺术剧院任专职编剧，曾任中国作家协会书记处书记，现为中国作家协会专职驻会作家，兼任多种刊物编委或顾问及一些高校的客座教授。主要有诗集《“小迷糊”阿姨》、《周总理，你在哪里》，报告文学《船长》《最美的画册》《奇异的书简》《相亲记》《春的消息》《柯岩作品选》《柯岩儿童诗选》《癌症≠死亡》，长篇小说及同名电视连续剧《寻找回来的世界》，电视连续剧《仅次于上帝的人》（又名《红蜻蜓》）等。

种子的梦

柯岩

在一个冰冷冰冷的世纪，
我藏身进褐色褐色的土地，
像一条小小的沉默的鱼，
潜身在潜身在碧绿的海底。

鱼儿在大海里自由来去，
我却憩睡在母亲的怀里：
让水分滋润着我的躯壳，
让梦儿孕育在我的心底。

梦儿伴着我甜蜜的叹息，
根须帮助我轻轻的吮吸，
为了冲破那土层的压力，
我一点一滴地积攒着力气。

我思念那明媚的阳光，
我思念那辽阔的大地，
我想他们也同样思念着我，
于是：降下了相思的雨滴……

我会长出两片绿油油的叶子，
去迎接春风悄悄的絮语；
我缓缓地伸展腰肢，
好慢慢地挤碎冰雪的妒嫉。

然后我要开出鲜艳的花朵，
每一个花瓣都娇嫩而又稚气；
蜜蜂会绕着我不倦地飞，
说我比这世界上的一切都美丽。

我愿意相信它的盟誓，
醉心于它忙碌的许诺里，
我把爱情倾心交付，
把生活酿造成金色黎明的蜜。

风将摇落我的果实，
把它送到另一片土地。
于是我溶化在母亲的怀抱，
并且相信：明年的春天会更加美丽。

第四十八课　当你老了

整首诗韵律齐整，语言简明，意境优美。诗里没有华丽的辞藻，朴素平淡的文字背后却潜藏着磅礴的情感。全诗共分三节。这三节诗，有起有结，相互照应，颇具匠心。第一节开篇点题，以一个假设性的时间状语开头，诗人想象若干年后年迈的恋人在炉火旁阅读诗集的情景。第二节是全诗的重心，诗人采用对比的手法巧妙地表达了自己的一片深情。第三节又转向未来虚拟的意境之中。诗人的语言像羽绒一样轻柔，温和地引导恋人提前进入那时光隧道——“当你老了”，“你”昔日的秀发已白发苍苍，“你”的脸庞不再光洁灿烂，“你”的身子佝偻，靠着炉火打盹，“我”却依然为“你”的衰老而心痛，“我”却依然为“你”敲响爱情的钟声，到那时“你”才会明白“我”的深情与忠诚。在这首诗中，诗人突破了个人的不幸遭遇，把心中的感伤化成了缱绻的诗魂，以柔美曲折的方式，创造了一个凄美的艺术世界，实现了对人生及命运的超越，全诗体现了饱满的张力美。

威廉·巴特勒·叶芝（William Butler Yeats，1865—1939 年），爱尔兰诗人、剧作家和散文家，著名的神秘主义者，是“爱尔兰文艺复兴运动”的领袖，也是艾比剧院（Abbey Theatre）的创建者之一。叶芝的诗受浪漫主义、唯美主义、神秘主义、象征主义和玄学诗的影响，演变出其独特的风格。其艺术代表着英语诗从传统到现代过渡的缩影。

当你老了

叶芝

当你老了，头发花白，睡意沉沉，
坐在炉边打盹，请取下这部诗集，
慢慢阅读，追梦你当年的眼神
曾经那么深情和柔美。

多少人爱过你青春的身姿，
爱过你的美貌，或假意或真心，
惟独一人曾爱你那圣洁的心，
当你红颜老去，
他也依然深爱着你。

炉里的火焰温暖明亮，你低下头，
凄然地轻诉着消逝了的爱情，
往事如翻山越岭般一幕幕浮现于脑海中
故人的脸庞慢慢隐匿在繁星里。

第四十九课　背　影

《背影》是记实散文。它描述了在家庭遭受变故的情况下，父亲送别远行儿子的经过。通过朴素真切的语言，表现了父亲的一片爱子之心和儿子对父亲的感念之情。它是中国现代散文史上的名篇。文章记述了作者家庭的不幸和当时的灰暗世态，从一个侧面反映了当时的社会现实。这种社会虽早已不存在了，但其记述的情景，对我们来说依然有着历史的认识作用。

“背影”在文中反复出现四次，然每次的情况都有所不同，而思想感情则是一脉相承。第一次，在文章开头，旨在开篇点题“背影”。营造出一种浓厚的感情气氛，以笼罩全文。第二次，在车站送别的场面中，作者对父亲的“背影”作了具体的描绘，此为写作重点。父亲胖胖的身躯，穿着黑布大马褂，深青布棉袍，步履艰难，蹒跚的爬过铁道为儿子买橘子。这个镜头表现了父亲爱儿子的深厚感情，使儿子感动得热泪盈眶。第三次，父亲和儿子告别后，儿子眼望着父亲的“背影”在人群中消逝，离情别绪，又催人泪下。第四次，在文章结尾，儿子读着父亲的来信，在泪光中再次浮现了父亲的“背影”，思念之情不能自已，与文章开头呼应。

本文把父子之间的真挚感情表现得淋漓尽致，然又不同于一般作品去描写人物肖像、神情、音容笑貌等，而是抓住人物形象的一个特征“背影”，不惜笔墨作具体细致的刻画。作者抓住父亲这样一个“背影”集中描绘，抒发特定环境下的思想感情，自然取得强烈的艺术效果。也正因为作品写的是特定的家境、心境、慈父孝子之间相爱相怜，字里行间有淡淡的哀愁，显得更加真挚动人。

背　影

朱自清

我与父亲不相见已二年余了，我最不能忘记的是他的背影。那年冬天，祖母死了，父亲的差使(1)也交卸了，正是祸不单行的日子。我从北京到徐州，打算跟着父亲奔丧回家。到徐州见着父亲，看见满院狼藉(2)的东西，又想起祖母，不禁簌簌地流下眼泪。父亲说，“事已如此，不必难过，好在天无绝人之路”，回家变卖典质(3)，父亲还了亏空，又借钱办了丧事。这些日子，家中光景很是惨淡，一半为了丧事，一半为了父亲赋闲。丧事完毕，父亲要到南京谋事，我也要回北京念书，我们便同行。

到南京时，有朋友约去游逛，勾留了一日，第二日上午便须渡江到浦口，下午上车北去。父亲因为事忙，本已说定不送我，叫旅馆里一个熟识的茶房陪我同去。他再三嘱咐茶房，甚是仔细。但他终于不放心，怕茶房不妥帖，颇踌躇了一会。其实我那年已二十岁，北京已来往过两三次，是没有什么要紧的了。他踌躇(5)了一会，终于决定还是自己送我去。我再三回劝他不必去；他只说，“不要紧，他们去不好”。

我们过了江，进了车站。我买票，他忙着照看行李。行李太多了，得向脚夫(4)行些小费才可过去。他便又忙着和他们讲价钱。我那时真是聪明过分，总觉他说话不大漂亮，非自己插嘴不可，但他终于讲定了价钱，就送我上车。他给我拣定了靠车门的一张椅子，我将他给我做的紫毛大衣铺好座位。他嘱我路上小心，夜里要警醒些，不要受凉。又嘱托茶房好好照应我。我心里暗笑他的迂，他们只认得钱，托他们只是白托！而且我这样大年纪的人，难道还不能料理自己么？唉，我现在想想，那时真是太聪明了！

我说道，“爸爸，你走吧。”他往车外看了看说，“我买几个橘子去。你就在此地，不要走动。”我看那边月台的栅栏外有几个卖东西的等着顾客。走到那边月台，须穿过铁道，须跳下去又爬上去。父亲是一个胖子，走过去自然要费事些。我本来要去的，他不肯，只好让他去。我看见他戴着黑布小帽，穿着黑布大马褂，深青布棉袍，蹒跚(6)地走到铁道边，慢慢探身下去，尚不大难。可是他穿过铁道，要爬上那边月台(7)，就不容易了。他用两手攀着上面，两脚再向上缩，他肥胖的身子向左微倾，显出努力的样子。这时我看见他的背影，我的泪很快地流下来了。我赶紧拭干了泪。怕他看见，也怕别人看见。我再向外看时，他已抱了朱红的橘子往回走了。过铁道时，他先将橘子散放在地上，自己慢慢爬下，再抱起橘子走。到这边时，我赶紧去搀他。他和我走到车上，将橘子一股脑儿放在我的皮大衣上。于是扑扑衣上的泥土，心里很轻松似的。过一会儿说，“我走了，到那边来信”我望着他走出去。他走了几步，回过头看见我，说，“进去吧，里边没人。”等他的背影混入来来往往的人里，再找不着了，我便进来坐下，我的眼泪又来了。

近几年来，父亲和我都是东奔西走，家中光景是一日不如一日。他少年出外谋生，独力支持，做了许多大事。哪知老境却如此颓唐(8)！他触目伤怀，自然情不能自已。情郁于中，自然要发之于外，家庭琐屑便往往触他之怒。他待我渐渐不同往日。但最近两年不见，他终于忘却我的不好，只是惦记着我，惦记着我的儿子。我北来后，他写了一信给我，信中说道：“我身体平安，唯膀子疼痛厉害，举箸(9)提笔，诸多不便，大约大去之期(10)不远矣。”我读到此处，在晶莹的泪光中，又看见那肥胖的、青布棉袍黑布马褂的背影。唉！我不知何时再能与他相见！

【注释】

（1）差（chāi）使：旧时官场中称临时委托的职务，后泛指职务。
（2）狼藉（jí）：乱七八糟的样子。背影
（3）典质：（把财产）典当、抵押出去。典：当。质：抵押。
（4）脚夫：旧时对搬运工人的称呼。
（5）踌（chóu）躇（chú）：指犹豫不决，拿不定主意。
（6）蹒（pán）跚（shān）：因为腿脚不便，走路缓慢、摇摆的样子。
（7）月台：站台。
（8）颓（tuí）唐：精神萎靡不振。
（9）箸（zhù）：筷子。
（10）大去之期：意思指与世长辞，一去不返的时间。这是委婉的说法。

第五十课　爱的故事

本文通过小女孩在火海被救以及她被收养的事情，告诉我们世界上最贵重的东西是爱！是爱，使那个男人毫不犹豫的投入火海救人，是爱，让小女孩投入他的怀抱，因为她知道在一个有爱心的人身边，

可以享受到和其他孩子一样的亲情、温暖、幸福。不论多好的生活条件，都比不上一份温暖的爱，所以，小女孩应当由救他的人收养。

爱的故事

安妮·尼尔森

一个失去了双亲的小女孩与奶奶相依为命，住在楼上的一间卧室里。一天夜里，房子起火了，奶奶在抢救孙女时被火烧死了。大火迅速蔓延，一楼已是一片火海。

邻居已呼叫过火警，无可奈何地站在外面观望，火焰已经封住了所有的进出口。小女孩出现在楼上的一扇窗口，哭叫着救命，人群中传布着消息说：消防队员正在扑救另一场火灾，要晚几分钟才能赶来。

突然，一个男人扛着梯子出现了，梯子架到墙上，人钻进火海之中。他再次出现时，手里抱着小女孩。孩子交给了下面迎接的人群，男人消失在夜色之中。

调查发现，这孩子在世上已经没有亲人了，几周后，镇政府召开群众集会，商议谁来收养这孩子。

一位教师愿意收养这孩子，说她能保证孩子受到良好的教育。一个农夫也想收养这孩子，他说孩子在农场会生活得更加健康惬意。其他人也纷纷发言，述说把孩子交给他们抚养的种种好处。

最后，本镇最富有的居民站起来说话了："你们提到的所有好处，我都能给她，并且能给她金钱和金钱能够买到的一切东西。"

从始至终，小女孩一直沉默不语，眼睛望着地板。"还有人要发言吗？"会议主持人问道。一个男人从大厅的后面走上前来。他步履缓慢，似乎在忍受着痛苦。他径直来到小女孩的面前，朝她张开了双臂。人群一片哗然。他的手上和胳膊上布满了可怕的伤疤。

孩子叫出声来："这就是救我的那个人！"她一下子蹦起来，双手死命地抱住了男人的脖子，就像她遭难的那天夜里一样。她把脸埋进他的怀里，抽泣了一会儿，然后，她抬起头，朝他笑了。

第三章　治　国　篇

第五十一课　木　兰　诗

《木兰诗》是我国南北朝时期北方的一首长篇叙事民歌，也是一篇乐府诗。记述了木兰女扮男装，代父从军，征战沙场，凯旋回朝，建功受封，辞官还家的故事，充满传奇色彩。

这首诗塑造了木兰这一不朽的人物形象，既富有传奇色彩，而又真切动人。木兰既是奇女子又是普通人，既是巾帼英雄又是平民少女，既是矫健的勇士又是娇美的女儿。她勤劳善良又坚毅勇敢，淳厚质朴又机敏活泼，热爱亲人又报效国家，不慕高官厚禄而热爱和平生活。一千多年来，木兰代父从军的故事在我国家喻户晓，木兰的形象一直深受人们喜爱。

这首诗具有浓郁的民歌特色。全诗以“木兰是女郎”来构思木兰的传奇故事，富有浪漫色彩。繁简安排极具匠心，虽然写的是战争题材，但着墨较多的却是生活场景和儿女情态，富有生活气息。诗中以人物问答来刻画人物心理，生动细致；以众多的铺陈排比来描述行为情态，神气跃然；以风趣的比喻来收束全诗，令人回味。这就使作品具有强烈的艺术感染力。

木　兰　诗

（北朝民歌）佚名

唧唧[1]复唧唧，木兰当户[2]织。不闻机杼声[3]，惟闻女叹息。

问女何所思，问女何所忆。女亦无所思，女亦无所忆。昨夜见军帖[4]，可汗[5]大点兵。军书十二卷[6]，卷卷有爷[7]名。阿爷无大儿，木兰无长兄。愿为市鞍马[8]，从此替爷征。

东市买骏马，西市买鞍鞯[9]，南市买辔头[10]，北市买长鞭。旦辞爷娘去，暮宿黄河边。不闻爷娘唤女声，但闻黄河流水鸣溅溅[11]。旦辞黄河去，暮至黑山头。不闻爷娘唤女声，但闻燕山胡骑[12]鸣啾啾[13]。

万里赴戎机，关山度若飞。朔气传金柝，寒光照铁衣。将军百战死，壮士十年归。

归来见天子，天子坐明堂。策勋十二转，赏赐百千强。可汗问所欲，木兰不用尚书郎，愿驰千里足，送儿还故乡。

爷娘闻女来，出郭相扶将；阿姊闻妹来，当户理红妆；小弟闻姊来，磨刀霍霍[14]向猪羊。开我东阁门，坐我西阁床。脱我战时袍，著[15]我旧时裳。当窗理云鬓[16]，对镜帖花黄[17]。出门看火[18]伴，火伴皆惊忙：同行十二年，不知木兰是女郎。

雄兔脚扑朔，雌兔眼迷离；双兔傍地走，安能辨我是雄雌？

【注释】

（1）唧唧（jī jī）：纺织机的声音。

（2）当户（dāng hù）：对着门。

（3）机杼（zhù）声：织布机发出的声音。机：指织布机。杼：织布梭（suō）子。

（4）军帖（tiě）：征兵的文书。

（5）可汗（kè hán）：古代西北地区民族对君主的称呼。

（6）军书十二卷：征兵的名册很多卷。十二，表示很多，不是确指。下文的“十二转”，用法与此相同。

（7）爷：和下文的“阿爷”一样，都指父亲。

（8）愿为市鞍（ān）马：为，为此。市，买。鞍马，泛指马和马具。

（9）鞯（jiān）：马鞍下的垫子。

（10）辔（pèi）头：驾驭牲口用的嚼子、笼头和缰绳。

（11）溅溅（jiān jiān）：水流激射的声音。

（12）胡骑（jì）：胡人的战马。胡，古代对北方少数民族的称呼。

（13）啾啾（jiū jiū）：马叫的声音。郭：外城。

（14）霍霍（huò huò）：模拟磨刀的声音。

（15）著（zhuó）：通假字，通“着”，穿。

（16）云鬓（bìn）：像云那样的鬓发，形容好看的头发。

（17）帖（tiē）花黄：“帖”通假字，通“贴”。花黄，古代妇女的一种面部装饰物。

（18）“火”：通“伙”。古时一起打仗的人用同一个锅吃饭，后意译为同行的人。

【译文】

叹息声一声接着一声传出，木兰对着房门织布。听不见织布机织布的声音，只听见木兰在叹息。问木兰在想什么？问木兰在惦记什么？（木兰答道）我也没有在想什么，也没有在惦记什么。昨天晚上看见征兵文书，知道君主在大规模征兵，那么多卷征兵文册，每一卷上都有父亲的名字。父亲没有大儿子，木兰（我）没有兄长，木兰准备到集市上去买马鞍和马匹，自愿替代父亲去征战。

在集市各处购买马具。第二天早晨离开父母，晚上宿营在黄河边，听不见父母呼唤女儿的声音，只能听到黄河的流水声。第二天早晨离开黄河上路，晚上到达黑山头，听不见父母呼唤女儿的声音，只能听到燕山胡兵战马的啾啾的鸣叫声。

不远万里奔赴战场，翻越重重山峰就像飞起来那样迅速。北方的寒气中传来打更声，月光映照着战士们的铠甲。将士们身经百战，有的为国捐躯，有的转战多年胜利归来。

胜利归来朝见天子，天子坐在殿堂（论功行赏）。给木兰记很大的功勋，得到的赏赐有千百金还有余。天子问木兰有什么要求，木兰说不愿做尚书郎，希望骑上千里马，回到故乡。

父母听说女儿回来了，互相搀扶着到城外迎接她；姐姐听说妹妹回来了，对着门户梳妆打扮起来；弟弟听说姐姐回来了，忙着霍霍地磨刀杀猪宰羊。每间房都打开了门进去看看，脱去打仗时穿的战袍，穿上以前女孩子的衣裳，在窗子边梳理漂亮的头发，对着镜子化妆。走出去看望一起打仗的伙伴，伙伴们很吃惊，（都说我们）同行数年之久，竟然不知木兰是女孩。

（提着兔子耳朵悬在半空中时）雄兔两只前脚时时动弹、雌兔两只眼睛时常眯着，所以容易分辨。雄雌两兔一起并排跑，怎能分辨哪只是雄兔，哪只是雌兔呢？

第五十二课　狄仁杰刚正不阿

《资治通鉴》是北宋司马光主编的一部多卷本编年体史书，共 294 卷，历时 19 年告成。它以时间为纲，事件为目，从周威烈王二十三年（公元前 403 年）写起，到五代的后周世宗显德六年（公元 959 年）征淮南停笔，涵盖 16 朝 1362 年的历史。它是中国第一部编年体通史，在中国官修史书中占有极重要的地位。

本文出自《资治通鉴 • 唐纪》，记述狄仁杰敢于在朝廷上犯颜直谏，置自己的生死于度外。

司马光（1019—1086），字君实，号迂叟，世称涑水先生。北宋政治家、史学家、文学家。主持编纂了中国历史上第一部编年体通史《资治通鉴》。司马光的《资治通鉴》与司马迁的《史记》并列为中国史学的不朽巨著，所谓“史学两司马”。

狄仁杰刚正不阿

宋・司马光

九月，壬申，大理奏左威卫大将军权善才、左监门中郎将范怀义误斫昭陵柏，罪当除名；上特命杀之。大理丞太原狄仁杰奏：“二人罪不当死。”上曰：“善才等斫陵柏，我不杀则为不孝。”仁杰固执不已，上作色，令出，仁杰曰：“犯颜直谏，自古以为难。臣以为遇杰、纣则难，遇尧、舜则易。今法不至死而陛下特杀之，是法不信于人也，人何所措其手足！且张释之有言：‘设有盗长陵一土，陛下何以处之?’今以一株柏杀二将军，后代谓陛下为何如矣!臣不敢奉诏者，恐陷陛下于不道，且羞见释之于地下故也。”上怒稍解，二人除名，流岭南。后数日，擢仁杰为侍御史。

【译文】

九月，壬申（初七），大理寺上奏说左威卫大将军权善才、左监门中郎将范怀义误砍昭陵柏树，论罪应当除去官吏名籍；唐高宗特意命令处死他们。大理丞太原人狄仁杰上奏说：“这两人的罪行不够处死。”唐高宗说：“权善才等砍昭陵柏树，我不杀他们就是不孝。”狄仁杰一再坚持自己的意见，唐高宗满脸怒色，命令他出去，狄仁杰说：“冒犯皇帝的威严，直言规劝，自古以来就认为很难做到。我以为遇到桀、纣则困难，遇到尧、舜则容易。现在依照法律不该处死的人，而陛下特意杀他，是法律不能取信于人，人们将何所适从?汉朝张释之对文帝说过：‘假如有人盗取高祖长陵一土，陛下如何处分他?’现在因砍一棵柏树而杀两位将军，后代会认为陛下是怎么样的君主？我之所以不执行处死他们的命令，是恐怕使陛下陷于无道的处境，而且无脸见张释之于九泉之下的缘故。”唐高宗的怒气这才消解，权善才、范怀义被除去名籍，流放岭南。几天以后，朝廷提升狄仁杰为侍御史。

第五十三课　短歌行

《短歌行》是政治性很强的诗作，主要是为曹操当时所实行的政治路线和政策策略服务的；然而它那政治内容和意义却完全熔铸在浓郁的抒情意境之中，全诗充分发挥了诗歌创作的特长，准确而巧妙地运用了比兴手法，来达到寓理于情，以情感人的目的。

这首诗是曹操的代表作之一。诗中抒发渴望招纳贤才、建功立业的宏图大愿。用四言体写来，内容深厚，庄重典雅，感情充沛。诗人以感人的真诚和慷慨悲凉的情感咏叹了生命的忧患、生命的悲剧，以貌似颓放的意态来表达及时进取的精神，以放纵歌酒的行为来表现对人生哲理的严肃思考，以觥筹交错之景来抒发心忧天下和渴慕人才之情。

全诗第一节抒写诗人人生苦短的忧叹。诗人生逢乱世，目睹百姓颠沛流离，肝肠寸断，渴望建功立业而不得，因而发出人生苦短的忧叹。第二节抒写诗人对贤才的渴求。第三节抒写诗人对贤才难得的忧思和既得贤才的欣喜。第四节抒写诗人对犹豫不决的贤才的关切和渴望天下贤才尽归自己的抱负。诗人希望他们不再犹豫，赶紧到自己这边来。用《管子•形解》中渴求人才的话和“周公吐哺”的典故点明了全文的主旨。突出地表现了作者求贤若渴的心情。

全诗以感慨开始，继之以慷慨、沉吟，再继之以忧愁、开朗。一忧一喜，忽徐忽急，以如歌的行板倾诉了作者慷慨激昂的情怀。总之，这首诗充满了深沉的忧叹，洋溢着积极进取的精神，激荡着慷慨激昂的感情，给人以鼓舞和力量。

魏武帝曹操（155—220年），字孟德，小字阿瞒，沛国谯县（今安徽亳州）人。东汉末年著名政治家、军事家、文学家与书法家。三国中曹魏奠基人和主要缔造者，先为东汉大将军、丞相，后为魏王。其子曹丕称帝后，追尊其为魏武帝。一生以汉朝丞相的名义征讨四方，为统一中原做出重大贡献。曹操文学作品的特色、创新性、开创性对中国文学史的发展有着不可替代的重要作用。鲁迅先生评价其为“改造文章的祖师”。汉末书法评论家评出章草大家五人，即崔瑗、崔实、张芝、张昶、曹操。可谓是多才多艺的一代霸主、乱世英雄。

短歌行

汉朝•曹操

对酒当歌，人生几何[(1)]！譬如朝露，去日苦多。
慨当以慷，忧思难忘。何以解忧？唯有杜康[(2)]。
青青子衿，悠悠我心[(3)]。但为君故，沉吟至今。
呦呦[(4)]鹿鸣，食野之苹[(5)]。我有嘉宾，鼓[(6)]瑟吹笙。
明明如月，何时可掇[(7)]？忧从中来，不可断绝。
越陌度阡，枉用相存。契阔谈讌[(8)]，心念旧恩。
月明星稀，乌鹊南飞。绕树三匝[(9)]，何枝可依？
山不厌高，海不厌深。周公吐哺，天下归心。

【注释】

（1）几何：多少。

（2）杜康：相传是最早造酒的人，这里代指酒。

（3）青青子衿（jīn），悠悠我心：出自《诗经·郑风·子衿》。原写姑娘思念情人，这里用来比喻渴望得到有才学的人。子，对对方的尊称。衿，古式的衣领。青衿，是周代读书人的服装，这里指代有学识的人。悠悠，长久的样子，形容思虑连绵不断。

（4）呦（yōu）呦：鹿叫的声音。

（5）苹：艾蒿。

（6）鼓：弹。

（7）何时可掇（duō）：什么时候可以摘取呢？掇，拾取，摘取。

（8）讌（yàn）：通“宴”（原文中讌为“谦”）。

（9）三匝（zā）：三周。匝，周，圈。

第五十四课　得道多助，失道寡助

本文节选自《孟子·公孙丑下》。全文不足 200 字，可以看成一篇说理小散文，同时又具有短论的特点。短文开篇就提出中心论点“天时不如地利，地利不如人和”，紧接着就用概括性很强的战例加以证明。首先让两个分论点各自成立，即“天时不如地利”、“地利不如人和”。然后从理论上进行论证，作出“得道者多助，失道者寡助”的英明论断，阐明了“人和”的实质。最后以得“人和”的君子“战必胜矣”作结，突出地说明了“人和”是决定战争胜负最主要的条件，显示出孟子的文章逻辑严密的特点。

在天时、地利、人和这三个要素当中，孟子逐层推进，认为“人和”是克敌制胜的首要条件。而什么是“人和”呢？就是下文说的“多助”和“天下顺之”。概括地说，就是赢得民心，而赢得民心的前提是“得道”，这个“道”就是孟子一贯主张的“仁政”。所以，孟子从“天时不如地利，地利不如人和”说到“得道者多助，失道者寡助”，实际上就是在说他一贯的政治“仁政”主张。

本文借战争来论述实行“王道”（即“仁政”）的重要性。这也是孟子及其那一时代有修养的文人向好战的诸侯推行自己的政治主张的一贯做法。孟子的文章还有一个特点，富于辞采。语句整齐、流畅，气势磅礴，很有说服力。文中大量使用了结构整齐的骈句，如“天时/不如地利，地利/不如人和”“城/非不高也，池/非不深也，兵革/非不坚利也”等。如上所示，适当划分句子的结构，注意它们的节奏，朗诵时读出节奏与气势，确实能产生撼人心魄的力量。

得道多助，失道寡助

孟子

天时[1]不如地利[2]，地利不如人和[3]。三里之城，七里之郭[4]，环而攻之而不胜。夫环而攻之，必有得天时者矣，然而不胜者，是天时不如地利也。城非不高也，池[5]非不深也，兵革非不坚利[6]也，米粟非不多也，委而去之，是地利不如人和也。

故曰，域[7]民不以封疆之界，固国不以山溪之险，威天下不以兵革之利。得道者[8]多助，失道者寡助。寡助之至，亲戚[9]畔[10]之。多助之至，天下顺之。以天下之所顺，攻亲戚之所畔，故君子有不战，战必胜矣。

【注释】

（1）天时：包括时令、气候，乃至政治形势等非人力所能及的条件。

（2）地利：指有利于作战的地理形势。

（3）人和：指作战中的人心有所向，内部团结。

（4）郭：外城。在城外加筑的一道城墙。

（5）池：护城河。

（6）坚利：精良。坚，坚固。利，锋利。

（7）域：这里用作动词，是限制的意思。

（8）得道者：实施“仁政”的君主。者，……的人，此处特指君主。道，正义。下同。

（9）亲戚：内外亲属，包括父系亲属和母系亲属。

（10）畔：通“叛”，背叛。

【译文】

有利于作战的天气、时令，比不上有利于作战的地理形势；有利于作战的地理形势，比不上作战中的人心所向、内部团结。

（比如一座）方圆三里的小城，只有方圆七里的外城，四面包围起来攻打它，却不能取胜。采用四面包围的方式攻城，一定是得到有利于作战的天气、时令了，可是不能取胜，这是因为有利于作战的天气、时令比不上有利于作战的地理形势呀。

城墙并不是不高啊，护城河并不是不深呀，武器装备也并不是不精良，粮食供给也并不是不充足啊，但是，守城一方还是弃城而逃，这是因为作战的地理形势（再好），也比不上人心所向、内部团结啊。

所以说，使人民定居下来而不迁到别的地方去，不能靠划定的边疆的界限，巩固国防不能靠山河的险要，震慑天下不能靠武力的强大。能行“仁政”的君王，帮助支持他的人就多，不施行“仁政”的君主，支持帮助他的人就少。支持帮助他的人极少，连内外亲属也会背叛他；支持帮助他的人众多，天下所有人都会归顺他。凭着天下人都归顺他的条件，去攻打那连亲属都反对背叛的君王，所以，君子要么不战斗，（如果）战斗就一定会取得胜利。

第五十五课　所谓治国必先齐其家

国家，仅从语词关系来看，国和家的关系就是如此血肉相连，密不可分；尤其是在以家族为中心的宗法制社会时代，家是一个小小的王国，家长就是它的国王；国是一个大大的家，国王就是它的家长。无论是国王还是家（族）长都有生杀予夺的至高权力。因此，有君君、臣臣、父父、子子的规范贯穿国与家。也正因为如此，我们才能理解，“治国必先齐其家”。

不过，进入现代社会，情况已发生了极大变化：一方面，国已不允许实行家长制，另一方面，家已大大地民主化。不仅君君、臣臣、父父、子子的规范已成为过去，就是孝、悌观念也日渐式微，丧失了“君子不出家而成教于国”的基本条件。而且，“其家不可教而能教人者”的现象也不是“无之”，而是不难见到了，比如说，一个优秀教师教不好自己的子女，一些当政官员的公子以身试法，等等。这类事情屡见不鲜，很是令人深思。

从另一方面来看，《大学》的这一章反复强调以身作则，要求“君子有诸己而后求诸人，无诸己而后非诸人”，指出“其所令反，其所好，而民不从”，“所藏乎身不恕，而能喻诸人者，未之有也”，这些思想却并不因为社会时代的变迁而失去光彩。它既是对“欲治其国者”的告诫，值得推荐给当政为官的人作为座右铭；也是对儒学“恕道”原则的阐发，可广泛应用于生活的各个方面，作为我们立身处世，待人接物的有益参照。

所谓治国必先齐其家

《大学》

所谓治国必先齐其家者，其家不可教而能教人者，无之。故君子不出家而成教于国。孝者，所以事君也；悌[(1)]者，所以事长也；慈[(2)]者，所以使众也。

《康诰》曰：“如保赤子。”心诚求之，虽不中，不远矣。未有学养子而后嫁者也。

一家仁，一国兴仁；一家让，一国兴让；一人贪戾，一国作乱。其机[(3)]如此。此谓一言偾[4]事，一人定国。尧舜[5]帅[6]天下以仁，而民从之；桀纣帅天下以暴，而民从之。其所令反其所好，而民不从。是故君子有诸己，而后求诸人；无诸己，而后非诸人。所藏乎身不恕，而能喻[7]诸人者，未之有也。故治国在齐其家。

《诗》云：“桃之夭夭，其叶蓁蓁。之子于归，宜其家人[8]。”宜其家人，而后可以教国人。

《诗》云：“宜兄宜弟。”宜兄宜弟，而后可以教国人。

《诗》云：“其仪不忒，正是四国。”其为父子兄弟足法，而后民法之也。此谓治国，在齐其家。

【注释】

（1）悌：指弟弟应该绝对服从哥哥。

（2）慈：指父母爱子女。

（3）机：本指弩箭上的发动机关，引申指关键。

（4）偾（fèn）：败，坏。

（5）尧舜：传说中父系氏族社会后期部落联盟的两位领袖，即尧帝和舜帝，历来被认为是圣君的代表。

（6）帅：同“率”，率领，统帅。

（7）喻：使别人明白。

（8）“桃之夭夭……”：引自《诗经·周南；桃夭》。夭夭，鲜嫩，美丽。蓁蓁（zhēn），茂盛的样子。之子，这个（之）女子（子）于归，指女子出嫁。

【译文】

之所以说治理国家必须先管理好自己的家庭和家族，是因为若不能管教好家人，怎能管教好别人，是没有的事。所以，有修养的人在家里就受到了治理国家方面的教育：对父母的孝顺可以用于侍奉君主，对兄长的恭敬可以用于侍奉官长，对子女的慈爱可以用于统治民众。

《康浩》说：“如同爱护婴儿一样。”内心真诚地去追求，即使达不到目标，也不会相差太远。要知道，没有先学会了养孩子再去出嫁的人啊！

一家仁爱，一国也会兴起仁爱；一家礼让，一国也会兴起礼让；一人贪婪暴戾，一国就会犯上作乱。其联系就是这样紧密，这就叫做：一句话就会坏事，一个人就能安定国家。尧舜用仁爱统治天下，老百姓就学着互相仁爱；桀纣用凶暴统治天下，老百姓也就跟着暴力相向。

统治者的命令与自己的实际做法相反，老百姓是不会服从的。所以，品德高尚的，总是自己先做到，然后才要求别人做到；自己先不这样做，然后才要求别人不这样做。不采取这种推己及人的宽仁之道，而想让别人按自己的意思去做，那是不可能的。所以，要治理国家必须先管理好自己的家庭和家族。

《诗经》说：“桃花鲜美，树叶茂密，这个姑娘出嫁了，让全家人都和睦。”让全家人都和睦，然后才能够让一国的人都和睦。

《诗经》说：“兄弟和睦。”兄弟和睦了，然后才能够让一国的人都和睦。

《诗经》说：“容貌举止庄重严肃，成为四方国家的表率。”只有当一个人无论是作为父亲、儿子，还是兄长、弟弟时都值得人效法时，老百姓才会去效法他。这就是要治理国家必须先管理好家庭和家族的道理。

第五十六课　出师表

文章叙述了作者二十年来以身许国的经过，表露出作者勤于国事，鞠躬尽瘁的一片忠忱；以使后主体念创业的艰难，从而发愤图强，振兴蜀汉天下。在叙述二十年的经历之后，作者又讲到刘备对他的嘱托和他自己受托的心情，表示了自己出师北伐的决心，最后再次嘱咐后主要“自谋”要“察纳雅言”“深追先帝遗诏”，表现了作者临出征时，对后主的无限寄望。

这篇文章叙述与抒情相结合。文中对后主所作的建议是议论，叙述了自己以身许国的经过，流露出自己的真挚感情。文中反复称念“先帝”，目的是激励刘禅追念祖德、发愤图强，又深切地表示自己对先帝的思念和忠忱。

诸葛亮（181—234年），字孔明，号卧龙（也作伏龙），汉族，徐州琅琊阳都（今山东临沂市沂南县）人，三国时期蜀汉丞相，杰出的政治家、军事家、散文家、书法家、发明家、文学家。

诸葛亮散文代表作有《出师表》、《诫子书》等。曾发明木牛流马、孔明灯等，并改造连弩，叫做诸葛连弩，可一弩十矢俱发。诸葛亮一生“鞠躬尽瘁、死而后已”，是中国传统文化中忠臣与智者的代表人物。

出师表

诸葛亮

臣本布衣，躬耕于南阳，苟全性命于乱世，不求闻达于诸侯。先帝不以臣卑鄙[(1)]，猥[(2)]自枉屈，三顾[(3)]臣于草庐之中，咨臣以当世之事，由是感激，遂许先帝以驱驰[(4)]。后值倾覆，受任于败军之际，奉命于危难之间：尔来[(5)]二十有[(6)]一年矣。

先帝知臣谨慎，故临崩寄[(7)]臣以大事也。受命以来，夙夜忧叹，恐托付不效，以伤先帝之明；故五月渡泸，深入不毛。今南方已定，兵甲已足，当奖率三军，北定中原，庶[(8)]竭驽钝[(9)]，攘除[(10)]奸凶，兴复汉室，还于旧都。此臣所以报先帝而忠陛下之职分也。至于斟酌损益，进尽忠言，则攸之、祎、允之任也。

愿陛下托臣以讨贼兴复之效，不效，则治臣之罪，以告先帝之灵。若无兴德之言[(11)]，则责攸之、祎、允等之慢，以彰其咎；陛下亦宜自谋，以咨诹善道[(12)]，察纳雅言[(13)]，深追先帝遗诏。臣不胜受恩感激。

今当远离，临表涕零，不知所言。

【注释】

（1）卑鄙：身份低微，见识短浅。卑，身份低下。鄙，见识短浅。与今义不同。

（2）猥（wěi）：辱，这里有降低身份的意思。

（3）顾：拜访，探望。

（4）驱驰：驱车追赶。这里是奔走效劳的意思。

（5）尔来：那时以来。

（6）有：通“又”，跟在数词后面表示约数。

（7）寄：托付。

（8）庶：希望。

（9）驽（nú）钝：比喻才能平庸，这是诸葛亮自谦的话。驽，劣马，走不快的马，指才能低劣。

（10）攘（rǎng）除：排除，铲除。

（11）兴德之言：发扬圣德的言论。

（12）咨诹（zōu）善道：询问（治国的）好道理。诹（zōu），询问。

（13）雅言：正确的言论，正言，合理的意见。

【译文】

我本来是平民，在南阳务农亲耕，在乱世中苟且保全性命，不奢求在诸侯之中出名。先帝不因为我身份卑微，见识短浅，降低身份委屈自己，三次到我的茅庐拜访我，征询我对时局大事的意见，我因此十分感动，就答应为先帝奔走效劳。后来遇到兵败，在兵败的时候接受任务，在危机患难之间奉行使命，从那时到现在已经有二十一年了。

先帝知道我做事小心谨慎，所以临终时把国家大事托付给我。接受遗命以来，我早晚忧愁叹息，只怕先帝托付给我的大任不能实现，以致损伤先帝的知人之明，所以我五月渡过泸水，深入到人烟稀少的地方。现在南方已经平定，兵员装备已经充足，应当激励、率领全军将士向北方进军，平定中原，希望用尽我平庸的才能，铲除奸邪凶恶的敌人，恢复汉朝的基业，回到旧日的国都。这就是我用来报答先帝，并且尽忠陛下的职责本分。至于处理事务，斟酌情理，有所兴革，毫无保留地进献忠诚的建议，那就是郭攸之、费祎、董允等人的责任了。

希望陛下能够把讨伐曹魏，兴复汉室的任务托付给我，如果没有成功，就惩治我的罪过，（从而）用来告慰先帝的在天之灵。如果没有提出振兴圣德的建议，就责罚郭攸之、费祎、董允等人的怠慢，来揭示他们的过失；陛下也应自行谋划，征求、询问治国的好道理，采纳正确的言论，深切追念先帝临终留下的教诲。我感激不尽。

今天（我）将要告别陛下远行了，面对这份奏表禁不住热泪纵横，也不知说了些什么。

第五十七课 兵车行

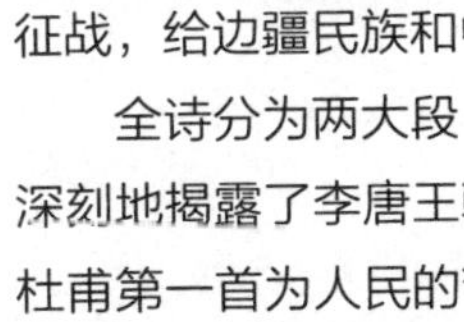

这是一首反对唐玄宗穷兵黩武的政治讽刺诗，可能作于天宝十载（751）。天宝以后，唐王朝与边疆少数民族的征战越来越频繁。战争的性质已由天宝以前的制止侵扰，安定边疆，转化为残酷征伐。连年征战，给边疆民族和中原人民都带来深重的灾难。

全诗分为两大段：首段叙事，写送别的惨状。“问行人”以下为第二段，由征夫诉苦，是记言。诗人深刻地揭露了李唐王朝穷兵黩武给人民造成的深重灾难，表达了对人民不幸的真挚而深厚的同情。这是杜甫第一首为人民的苦难而写作的诗歌。

这是一首七言歌行，诗中多处使用了民歌的“顶真”手法，诵读起来，累累如贯珠，音调和谐动听。另外，还运用了对话方式和一些口语，使读者有身临现场的真切感。《唐宋诗醇》云：“此体创自老杜，讽刺时事而托为征夫问答之词。言之者无罪，闻之者足以为戒，《小雅》遗音也。篇首写得行色匆匆，笔势汹涌，如风潮骤至，不可逼视。以下出点行之频，出开边之非，然后正说时事，末以惨语结之。词意沉郁，音节悲壮，此天地商声，不可强为也。”

杜甫（712—770 年），字子美，汉族，唐朝河南巩县（今河南巩义市）人，自号少陵野老，唐代伟大的现实主义诗人，与李白合称“李杜”。杜甫也常被称为“老杜”。杜甫在中国古典诗歌中的影响非常深远，被后人称为“诗圣”，他的诗被称为“诗史”。后世称其为杜拾遗、杜工部，也称他杜少陵、杜草堂。

杜甫的思想核心是儒家的仁政思想，他有“致君尧舜上，再使风俗淳”的宏伟抱负。杜甫虽然在世时名声并不显赫，但后来声名远播，对中国文学和日本文学都产生了深远的影响。共有约 1500 首诗歌被保留了下来，大多集于《杜工部集》。

兵车行

杜甫

车辚辚[1]，马萧萧[2]，行人[3]弓箭各在腰。
耶[4]娘妻子走[5]相送，尘埃不见咸阳桥[6]。
牵衣顿足拦道哭，哭声直上干[7]云霄。
道傍过者问行人，行人但云点行[8]频。
或从十五北防河[9]，便至四十西营田[10]。
去时里正[11]与裹头，归来头白还戍边。
边庭流血成海水，武皇[12]开边意未已。
君不闻汉家山东[13]二百州，千村万落生荆杞[14]。
纵有健妇把锄犁，禾生陇[15]亩[16]无东西。
况复秦兵耐苦战，被驱不异犬与鸡。
长者虽有问，役夫敢申恨？
且如今年冬，未休关西[17]卒。
县官急索租，租税从何出？
信知生男恶，反是生女好。
生女犹得嫁比邻，生男埋没随百草。
君不见，青海头[18]，古来白骨无人收。
新鬼烦冤旧鬼哭，天阴雨湿声啾啾！

【注释】

（1）辚（lín）辚：车轮声。

（2）萧萧：马嘶叫声。

（3）行（xíng）人：指被征出发的士兵。

（4）耶：通假字，同“爷”，父亲。

（5）走：奔跑。

（6）咸阳桥：指便桥，汉武帝所建，故址在今陕西咸阳市西南，唐代称咸阳桥，唐时为长安通往西北的必经之路。

（7）干（gān）：冲。

（8）点行（xíng）频：频繁地点名征调壮丁。

（9）防河：当时常与吐蕃发生战争，曾征召陇右、关中、朔方诸军集结河西一带防御。因其地在长安以北，所以说“北防河”。

（10）西营田：古时实行屯田制，军队无战事即种田，有战事即作战。“西营田”也是防备吐蕃的。

（11）里正：唐制，每百户设一里正，负责管理户口。检查民事、催促赋役等。

（12）武皇：汉武帝刘彻。唐诗中常有以汉指唐的委婉避讳方式。这里借武皇代指唐玄宗。唐人诗歌中好以“汉”代“唐”，下文“汉家”也是指唐王朝。

（13）山东：崤山或华山以东。古代秦居西方，秦地以外，统称山东。

（14）荆杞（qǐ）：荆棘与杞柳，都是野生灌木。

（15）陇，通“垄”，在耕地上培成一行的土埂，田埂，中间种植农作物。

（16）陇（lǒng）亩：田地。

（17）关西：当时指函谷关以西的地方。这两句说，因为对吐蕃的战争还未结束，所以关西的士兵都未能罢遣还家。

（18）青海头：即青海边。这里是自汉代以来，汉族经常与西北少数民族发生战争的地方。唐初也曾在这一带与突厥、吐蕃发生大规模的战争。

【译文】

车辆隆隆响，战马萧萧鸣，出征士兵弓箭各自佩在腰。爹娘妻子儿女奔跑来相送，行军时扬起的尘土遮天蔽日以致看不见咸阳桥。拦在路上牵着士兵衣服顿脚哭，哭声直上天空冲入云霄。

路旁经过的人问出征士兵怎么样，出征士兵只是说按名册征兵很频繁。有的人十五岁到黄河以北去戍守，纵然到了四十岁还要到西部边疆去屯田。到里长那里用头巾把头发束起来，他们回时已经白头还要去守边疆。边疆无数士兵流血形成了海水，武皇开拓边疆的念头还没停止。您没听说汉家华山以东两百州，百千村落长满了草木。即使有健壮的妇女手拿锄犁耕种，田土里的庄稼也长得没有东西行列。更何况秦地的士兵又能够苦战，被驱使去作战与鸡狗没有分别。

尽管长辈有疑问，服役的人们怎敢申诉怨恨？就像今年冬天，还没有停止征调函谷关以西的士兵。县官紧急地催逼百姓交租税，租税从哪里出？如果确实知道生男孩是坏事情，反而不如生女孩好。生下女孩还能够嫁给近邻，生下男孩死于沙场埋没在荒草间。您没有看见，青海的边上，自古以来战死士兵的白骨没人掩埋。新鬼烦恼地怨恨旧鬼哭泣，天阴雨湿时众鬼凄厉地发出啾啾的哭叫声。

第五十八课　示　　儿

此诗是陆游爱国诗中的又一首名篇。陆游一生致力于抗金斗争，一直希望能收复中原。虽然频遇挫折，却仍然未改变初衷。从诗中可以领会到诗人的爱国激情是何等的执着、深沉、热烈、真挚！也凝聚着诗人毕生的心事，诗人始终如一地抱着当时汉民族必然要光复旧物的信念，对抗战事业具有必胜的信心。题目是《示儿》，相当于遗嘱。在短短的篇幅中，诗人披肝沥胆地嘱咐着儿子，无比光明磊落，激动人心！浓浓的爱国之情跃然纸上。

陆游（1125—1210 年），南宋诗人、词人。字务观，号放翁。汉族，越州山阴（今浙江绍兴）人。少时受家庭爱国思想熏陶，高宗时应礼部试，为秦桧所黜。孝宗时赐进士出身。中年入蜀，投身军旅生活，官至宝章阁待制。晚年退居家乡。其一生笔耕不辍，今存九千多首，内容极为丰富。与王安石、苏轼、黄庭坚并称“宋代四大诗人”，又与杨万里、范成大、尤袤合称“中兴四大诗人”。著有《剑南诗稿》《渭南文集》《南唐书》《老学庵笔记》等。

示儿[1]

陆游

死去元知[2]万事空[3]，
但悲不见九州同[4]。
王师[5]北定[6]中原[7]日，
家祭[8]无忘告乃翁[9]。

【注释】

（1）示儿：写给儿子们看。
（2）元知：原本知道。元，通“原”。本来。
（3）万事空：什么也没有了。
（4）同：统一。
（5）王师：指南宋朝廷的军队。
（6）北定：将北方平定。
（7）中原：指淮河以北被金人侵占的地区。
（8）家祭：祭祀家中先人。
（9）乃翁：你的父亲，指陆游自己。

第五十九课　岳阳楼记

导语

《岳阳楼记》是一篇为重修岳阳楼写的记。由北宋文学家范仲淹应好友巴陵郡守滕子京之请，于北宋庆历六年（1046 年）九月十五日所作。是范仲淹政治改革失败后，被贬官邓州时写的一篇散文。全文三百六十八字，共六段。文章虽名为《岳阳楼记》，其实是借题发挥，不但阐明了忧与乐、个人和天下的关系，而且抒发了作者“不以物喜”“不以己悲”的情怀，表达了“先天下之忧而忧，后天下之乐而乐”高尚情操。

《岳阳楼记》超越了单纯写山水楼观的狭境，文章对岳阳楼周围景象的描写，对迁客骚人览物之情的分析，将自然界的晦明变化、风雨阴晴和“迁客骚人”的“览物之情”结合起来写，从而将全文的重心放到了纵议政治理想方面，扩大了文章的境界，表达了作者“不以物喜，不以己悲”的旷达胸襟和“先天下之忧而忧，后天下之乐而乐”的伟大抱负。

范仲淹写《岳阳楼记》，还有一个重要的目的，那就是勉励自己和友人滕子京。滕子京被诬陷擅自动用官钱而被贬，作者书写此文之时也贬官在外，范仲淹正是借作记之机，含蓄规劝勉励自己和友人要“不以物喜，不以己悲”，试图以自己“先天下之忧而忧，后天下之乐而乐”的济世情怀和乐观精神感染老友。这两句话所体现的精神，那种吃苦在前，享乐在后的品质，极具教育意义。

范仲淹（989—1052 年），字希文，汉族。苏州吴县人。北宋杰出的思想家、政治家、文学家。

历任兴化县令、秘阁校理、陈州通判、苏州知州等职，因秉公直言而屡遭贬斥。康定元年（1040 年），与韩琦共同担任陕西经略安抚招讨副使，采取“屯田久守”方针，巩固西北边防。庆历三年（1043 年），出任参知政事，上疏《答手诏条陈十事》，提出十项改革措施。不久后，新政受挫，范仲淹被贬出京。

范仲淹政绩卓著，文学成就突出。他倡导的“先天下之忧而忧，后天下之乐而乐”思想和仁人志士节操，对后世影响深远。有《范文正公文集》传世。

岳阳楼记

宋·范仲淹

庆历四年春，滕子京谪[1]守巴陵郡。越明年，政通人和，百废具兴。乃重修岳阳楼，增其旧制，刻唐贤今人诗赋于其上。属[2]予作文以记之。

予观夫巴陵胜状，在洞庭一湖。衔[3]远山，吞[4]长江，浩浩汤汤，横无际涯；朝晖夕阴，气象万千[5]。此则岳阳楼之大观也，前人之述备矣[6]。然则北通巫峡，南极潇湘，迁客[7]骚人，多会于此，览物之情，得无异乎[8]？

若夫淫雨霏霏，连月不开[9]，阴风怒号，浊浪排空；日星隐曜[10]，山岳潜形；商旅不行，樯倾楫摧[11]；薄暮冥冥[12]，虎啸猿啼。登斯楼也，则有去国怀乡，忧谗畏讥[13]，满目萧然[14]，感极而悲者矣。

至若春和景明[15]，波澜不惊，上下天光，一碧万顷；沙鸥翔集，锦鳞游泳；岸芷汀兰[16]，郁郁青青。而或长烟一空，皓月千里，浮光跃金[17]，静影沉璧，渔歌互答，此乐何极！登斯楼也，则有心旷神怡，宠辱偕忘，把酒临风，其喜洋洋者矣。

嗟夫[18]！予尝求古仁人之心，或异二者之为[19]。何哉？不以物喜，不以己悲；

居庙堂[20]之高则忧其民；处江湖之远则忧其君。是进亦忧，退亦忧。然则何时而乐耶？其必曰：“先天下之忧而忧，后天下之乐而乐[21]”乎。噫！微斯人，吾谁与归[22]？

时六年九月十五日。

【注释】

（1）谪（zhé）守：在这里作为动词被贬官，降职解释。

（2）属（zhǔ）：通“嘱”，嘱托、嘱咐。作文：写文章。

（3）衔：包含。

（4）吞：吞吐。

（5）朝晖夕阴，气象万千：或早或晚（一天里）阴晴多变化。

（6）前人之述备矣：前人的记述很详尽了。

（7）迁客：谪迁的人，指降职远调的人。骚人：诗人。

（8）览物之情，得无异乎：看到自然景物而引发的情感，怎能不有所不同呢？

（9）开：（天气）放晴。

（10）日星隐曜（yào）：太阳和星星隐藏起光辉。曜：日光。

（11）樯（qiáng）倾楫（jí）摧：桅杆倒下，船桨折断。

（12）薄暮冥冥：傍晚天色昏暗。薄，迫近。冥冥，昏暗的样子。

（13）去国怀乡，忧谗畏讥：离开国都，怀念家乡，担心（人家）说坏话，惧怕（人家）批评指责。

（14）萧然：凄凉冷落的样子。

（15）至若春和景明：至于到了春天气候暖和，阳光普照。

（16）岸芷（zhǐ）汀（tīng）兰：岸上的小草，小洲上的兰花。

（17）浮光跃金：湖水波动时，浮在水面上的月光闪耀起金光。

（18）嗟（jiē）夫：唉。嗟夫为两个词，皆为语气词。

（19）或异二者之为：或许不同于（以上）两种心情。二者，指前两段的“悲”与“喜”。

（20）庙，宗庙。堂，殿堂。庙堂：这里指朝廷。

（21）先天下之忧而忧，后天下之乐而乐：在天下人担忧之前先担忧，在天下人享乐之后才享乐。先，在……之前。后，在……之后。其，指“古仁人”。

（22）微斯人，吾谁与归：（如果）没有这种人，那我同谁一道呢？微，（如果）没有。斯人，这种人（指前文的“古仁人”）。

【译文】

庆历四年的春天，滕子京被降职到巴陵郡做太守。到了第二年，政事顺利，百姓和乐，各种荒废的事业都兴办起来了。于是重新修建岳阳楼，扩大它原有的规模，把唐代名家和当代人的诗赋刻在它上面。嘱托我写一篇文章来记述这件事情。

我观看那巴陵郡的美好景色，全在洞庭湖上。它连接着远处的山，吞吐长江的水流，浩浩荡荡，无边无际，一天里阴晴多变，气象千变万化。这就是岳阳楼的雄伟景象。前人的记述（已经）很详尽了。虽然如此，那么向北面通到巫峡，向南面直到潇水和湘水，降职的官吏和来往的诗人，大多在这里聚会，(他们)观赏自然景物而触发的感情大概会有所不同吧？

像那阴雨连绵，接连几个月不放晴，寒风怒吼，浑浊的浪冲向天空；太阳和星星隐藏起光辉，山岳隐没了形体；商人和旅客（一译：行商和客商）不能通行，船桅倒下，船桨折断；傍晚天色昏暗，虎在长啸，猿在悲啼，（这时）登上这座楼啊，就会有一种离开国都、怀念家乡，担心人家说坏话、惧怕人家批评指责，满眼都是萧条的景象，感慨到了极点而悲伤的心情。

到了春风和煦，阳光明媚的时候，湖面平静，没有惊涛骇浪，天色湖光相连，一片碧绿，广阔无际；沙洲上的鸥鸟，时而飞翔，时而停歇，美丽的鱼游来游去，岸上的香草和小洲上的兰花，草木茂盛，青翠欲滴。有时大片烟雾完全消散，皎洁的月光一泻千里，波动的光闪着金色，静静的月影像沉入水中的玉璧，渔夫的歌声在你唱我和地响起来，这种乐趣（真是）无穷无尽啊！（这时）登上这座楼，就会感到心胸开阔、心情愉快，光荣和屈辱一并忘了，端着酒杯，吹着微风，那真是快乐高兴极了。

唉！我曾经探求古时品德高尚的人的思想感情 ，或许不同于（以上）两种人的心情，这是为什么呢？（是由于）不因外物好坏和自己得失而或喜或悲。在朝廷上做官时，就为百姓担忧；在江湖上不做官时，就为国君担忧。这样来说在朝廷做官也担忧，在僻远的江湖也担忧。既然这样，那么他们什么时候才会感到快乐呢？他们一定会说："在天下人忧之前先忧，在天下人乐之后才乐"。唉！没有这种人，我同谁一道呢 ？

写于庆历六年九月十五日。

第六十课　已亥杂诗

这首诗是《己亥杂诗》的第五首，写诗人离京的感受。虽然载着"浩荡离愁"，却表示仍然要为国为民尽自己最后一份心力。诗的前两句抒情叙事，在无限感慨中表现出豪放洒脱的气概。"落红不是无情物，化作春泥更护花"诗人笔锋一转，由抒发离别之情转入抒发报国之志，诗人虽然脱离官场，依然关心着国家的命运，不忘报国之志，以此来表达他至死仍牵挂国家的一腔热情；充分表达诗人的壮怀，成为传世名句。

全诗移情于物，形象贴切，构思巧妙，寓意深刻。

龚自珍（1792—1841 年），字瑟（sè）人，号定庵（ān）。汉族，仁和（今浙江杭州）人。晚年居住昆山羽琌山馆，又号羽琌山民。清代思想家、诗人、文学家和改良主义的先驱者。著有《定庵文集》，留存文章 300 余篇，诗词近 800 首，今人辑为《龚自珍全集》。著名诗作《己亥杂诗》共 350 首。多咏怀和讽喻之作。

已亥杂诗

清 · 龚自珍

浩荡离愁[1]白日斜，
吟鞭[2]东指[3]即天涯[4]。
落红[5]不是无情物，
化作春泥更护花[6]。

【注释】

（1）浩荡离愁：离别京都的愁思浩如水波，也指作者心潮不平。
（2）吟鞭：人的马鞭。
（3）东指：东方故里。
（4）天涯：指离京都遥远。
（5）落红：落花。花朵以红色者为尊贵，因此落花又称为落红。
（6）花：比喻国家。

第六十一课　永遇乐·京口北固亭怀古

辛弃疾调任镇江知府以后，登临北固亭，感叹报国无门的失望，凭高望远，抚今追昔，于是写下了这篇传唱千古之作。这首词用典精当，有怀古、忧世、抒志的多重主题。

词的上片怀念孙权、刘裕。孙权割据东南，击退曹军；刘裕金戈铁马，战功赫赫，收复失地。不仅表达了对历史人物的赞扬，也表达了对主战派的期望和对南宋朝廷苟安求和者的讽刺和谴责。

下片引用南朝刘义隆草率北伐，招致大败的历史事实，忠告韩侂胄要吸取历史教训，不要鲁莽从事，接着用四十三年来抗金形势的变化，表示词人收复中原的决心不变，结尾三句，借廉颇自比，表示出词人报效国家的强烈愿望和对宋室不能进用人才的慨叹。

全词豪壮悲凉，义重情深，放射着爱国主义的思想光辉。词中用典贴切自然，紧扣题旨，增强了作品的说服力和意境美。明代杨慎在《词品》中说："辛词当以京口北固亭怀古《永遇乐》为第一。"这种评价是中肯的。

辛弃疾（1140—1207 年），字幼安，号稼轩，山东东路济南府历城县（今济南市历城区遥墙镇四风闸村）人。南宋豪放派词人、将领，有"词中之龙"之称。与苏轼合称"苏辛"，与李清照并称"济南二安"。

把满腔激情和对国家兴亡、民族命运的关切、忧虑，全部寄寓于词作之中，其词艺术风格多样，以豪放为主，风格沉雄豪迈又不乏细腻柔媚之处。著名词作《水调歌头·带湖吾甚爱》《摸鱼儿·更能消几番风雨》《满江红·家住江南》《沁园春·杯汝来前》《西江月·夜行黄沙道中》等。现存词六百多首，有词集《稼轩长短句》等传世。

永遇乐·京口(1)北固亭怀古

辛弃疾

千古江山，英雄无觅孙仲谋(2)处。舞榭歌台，风流总被雨打风吹去。斜阳草树，寻常巷陌，人道寄奴(3)曾住。想当年，金戈铁马，气吞万里如虎。

元嘉草草，封狼居胥，赢得[4]仓皇北顾。四十三年，望中犹记，烽火扬州路[5]。可堪回首，佛狸祠[6]下，一片神鸦[7]社鼓。凭谁问：廉颇老矣，尚能饭否？

【注释】

（1）京口：古城名，即今江苏镇江。因临京岘山、长江口而得名。

（2）孙仲谋：三国时的吴王孙权，字仲谋，曾建都京口

（3）寄奴：南朝宋武帝刘裕小名。

（4）赢得：剩得，落得。

（5）烽火扬州路：指当年扬州路上，到处是金兵南侵的战火烽烟。

（6）佛（bì）狸祠：北魏太武帝拓跋焘（tào）小名佛狸。公元 450 年，他曾反击刘宋，两个月的时间里，兵锋南下，五路远征军分道并进，从黄河北岸一路穿插到长江北岸。在长江北岸瓜步山建立行宫，即后来的佛狸祠。

（7）神鸦：指在庙里吃祭品的乌鸦。

【译文】

江山如画、历经千年仍如故，但是找不到东吴英雄孙权在此的定都处。昔日的舞榭歌台、显赫人物，都被风吹雨打化为土。斜阳照着草和树，普通的街巷和小路，人们说，武帝刘裕曾在这个地方住。想当年，他骑战马披铁甲，刀枪空中舞，气吞万里如猛虎。

宋文帝草率用兵学黩武，效法汉将伐匈奴，没能够封山纪功狼居胥，却要仓皇向南逃，时时回头向北顾。我登上山亭望江北，还记得四十三年前的旧事一幕幕：烽火连天鏖（áo）战苦，扬州一带遭荼毒。往事怎忍再回顾？拓跋焘祠堂香火盛，乌鸦啄祭品，祭祀擂大鼓。谁能派人来探问：廉颇将军虽年老，还能吃饭吗？

第六十二课　少年中国说

导语

1900 年，大清王朝处于被列强瓜分的惨境，中国危机四伏，国家命运岌岌可危，27 岁的梁启超写下了《少年中国说》，为中国带来了无限希望，它召唤着中国走出古老帝国的阴影，步入现代的光明世界。

《少年中国说》是戊戌变法后发表在《清议报》上的一篇著名文章。此文影响颇大，被公认为梁启超著作中思想意义最积极，情感色彩最浓烈的篇章。它是文白合一“新文体”散文的典型作品，整篇文

章感情充沛、酣畅淋漓、热情洋溢奔放，文章不拘格式，运用了大量的排比、对偶、反复、重叠、比喻等修辞手法表达自己强烈奔放的思想感情。

在这篇气势磅礴、感情充沛的散文中，作者痛斥了帝国主义污中国为“老大帝国”的谰言，揭露了当时清王朝政治腐败、老朽无能的本质；字里行间，饱含着振兴中华的迫切愿望，洋溢着热爱祖国的激越之情，表现了炎黄子孙强烈的民族自豪感，感染并召唤了新一代的知识分子，直到现在，都有很大的影响力。

梁启超（1873—1929 年），清末民初杰出的政治活动家、启蒙思想家、学问家，戊戌变法领袖之一。戊戌变法失败后，他流亡日本，创办《清议报》，倡导“诗界革命”“小说界革命”，提倡“新文体”。

少年中国说（节选）

梁启超

任公曰：造成今日之老大中国者，则中国老朽之冤业也。制出将来之少年中国者，则中国少年之责任也。彼老朽者何足道，彼与此世界作别之日不远矣，而我少年乃新来而与世界为缘。如僦屋[(1)]者然，彼明日将迁居他方，而我今日始入此室处。将迁居者，不爱护其窗栊，不洁治其庭庑[(2)]，俗人恒情，亦何足怪！若我少年者，前程浩浩，后顾茫茫。中国而为牛为马为奴为隶，则烹脔[(3)]鞭棰之惨酷，惟我少年当之。中国如称霸宇内，主盟地球，则指挥顾盼之尊荣，惟我少年享之。于彼气息奄奄与鬼为邻者何与焉？彼而漠然置之，犹可言也。我而漠然置之，不可言也。使举国之少年而果为少年也，则吾中国为未来之国，其进步未可量也。使举国之少年而亦为老大也，则吾中国为过去之国，其澌亡可翘足而待也。故今日之责任，不在他人，而全在我少年。少年智则国智，少年富则国富；少年强则国强，少年独立则国独立；少年自由则国自由；少年进步则国进步；少年胜于欧洲，则国胜于欧洲；少年雄于地球，则国雄于地球。红日初升，其道大光。河出伏流，一泻汪洋。潜龙腾渊，鳞爪飞扬。乳虎啸谷，百兽震惶。鹰隼试翼，风尘翕张。奇花初胎，矞矞皇皇[(4)]。干将发硎，有作其芒（5）。天戴其苍，地履其黄。纵有千古，横有八荒。前途似海，来日方长。美哉我少年中国，与天不老！壮哉我中国少年，与国无疆！

【注释】

（1）僦（jiù）屋：租赁房屋。

（2）庭庑（wǔ）：庭院走廊。

（3）脔（luán）：切成小块的肉，这里用作动词，宰割之意。箠：棍杖。这里用作动词，捶打之意。

（4）矞（yù）矞皇皇：《太玄经・交》：“物登明堂，矞矞皇皇。”一般用于书面古语，光明盛大的样子。

（5）干将发硎，有作其芒：意思是宝剑刚磨出来，锋刃大放光芒。干将，原是铸剑师的名字，这里指宝剑。硎，磨刀石。

第六十三课　祈　　祷

导语

《祈祷》这首诗作于诗人从美国留学回来后不久。他在国外日夜思念祖国，对祖国寄予无限希望。可回来后却发现祖国的残破与黑暗，内心非常痛苦。这首诗表达了诗人对祖国古老文化的深切怀念，对民族命运的深切忧虑。“请告诉我谁是中国人？”似乎是一句废话，然而，在那个特定的时代，面对现实的苦难与黑暗，“谁是真正的中国人”这一答案，诗人不能从现实中找到，而只能从历史的记忆中去寻求。这首诗引用大量的历史人物，其用意就是要让读者想起古老中华的民族精神和文化传统。根据以上分析，你知道诗人想“祈祷”什么吗？诗人多用反问的形式表达肯定的情感判断。如问谁心里有尧舜的心，谁的血是荆轲、聂政的血，谁是神农、黄帝的遗孽，正是以此鞭挞那些忘了自己是炎黄子孙的人。诗中以反问的形式，把神话传说掺入诗句，增加了几分神秘、朦胧的色彩，引人进入诗境。在形式上，本篇运用的是四句一节的新格律体，并采用了随韵，即二句一韵的手法，在视觉上给人以整齐和谐之感，听觉上亦使人体味到那错落有致的音韵美。“痛”和“火”互为因果，密切相关。痛，是悲愤痛苦、失望绝望的凝聚，旷持日久的煎熬、痛苦无疑会激发作者的满腔怒火，而烈火在心，忧心如焚，当然只会增加作者的挣扎和抗争的痛苦。

闻一多（1899—1946年），本名闻家骅，字友三，生于湖北省黄冈市浠水县，中国现代伟大的爱国主义者，坚定的民主战士，中国民主同盟早期领导人，中国共产党的挚友，新月派代表诗人和学者。

1912年考入清华大学留美预备学校。1916年开始在《清华周刊》上发表系列读书笔记。1925年3月在美国留学期间创作《七子之歌》。1928年1月出版第二部诗集《死水》。1932年闻一多离开青岛，回到母校清华大学任中文系教授。

1946年7月15日在云南昆明被国民党特务暗杀。

祈　祷

闻一多

请告诉我谁是中国人，
启示我，如何把记忆抱紧；
请告诉我这民族的伟大，
轻轻的告诉我，不要喧哗！

请告诉我谁是中国人，
谁的心里有尧舜的心，
谁的血是荆轲聂政的血，
谁是神农黄帝的遗孽。

告诉我那智慧来得离奇，
说是河马献来的馈礼；
还告诉我这歌声的节奏，
原是九苞凤凰的传授。

请告诉我戈壁的沉默，
和五岳的庄严？又告诉我，
泰山的石霤[1]还滴着忍耐，
大江黄河又流着和谐？

再告诉我，那一滴清泪，
是孔子吊唁死麟的伤悲？
那狂笑也得告诉我才好，——
庄周，淳于髡，东方朔的笑。

请告诉我谁是中国人，
启示我，如何把记忆抱紧；
请告诉我这民族的伟大，
轻轻的告诉我，不要喧哗！

【注释】

（1）霤：今写作溜（liù），意为房檐下的流水。

第六十四课　沁园春·长沙

导语

这首词通过对长沙秋景的描绘和对青年时代革命斗争生活的回忆，提出了“谁主沉浮”的问题，抒发了对中华民族前途的乐观主义精神和以天下事为己任的豪情壮志。

特别是本词的最后三句，以设问结尾，巧妙回答了“谁主沉浮”的问题。正像当年中流击水那样，勇敢地投身到革命的风浪中，激流勇进。上阕：“今日之游”描述的是人与自然的关系，描绘了湘江的秋景；下阕：“昔日之游”作者同一个激进的群体发生的关系，追忆了同学时光，抒写了胸襟和抱负，情景交融，栩栩如生，呼之欲出。作者把对自然美的描绘和对国家和人民的命运的关切结合起来，表达了作者的伟大抱负和胸怀。

毛泽东（1893—1976 年），字润之（原作咏芝，后改润芝），笔名子任。湖南湘潭人。中国人民的领袖，马克思主义者，伟大的无产阶级革命家、战略家和理论家，中国共产党、中国人民解放军和中华人民共和国的主要缔造者和领导人，诗人，书法家。1949 至 1976 年，毛泽东担任中华人民共和国最高领导人。他对马克思列宁主义的发展、军事理论的贡献，以及对共产党的理论贡献被称为毛泽东思想。因毛泽东担任过的主要职务几乎全部称为主席，所以也被人们尊称为“毛主席”。毛泽东被视为现代世界历史中最重要的人物之一，《时代》杂志也将他评为 20 世纪最具影响 100 人之一。

沁园春[1]·长沙

毛泽东

独立寒秋，湘江北去，橘子洲头。
看万山红遍，层林尽染；漫江碧透，百舸[2]争流。
鹰击长空，鱼翔浅底，万类霜天竞自由。
怅寥廓[3]，问苍茫大地，谁主沉浮？
携来百侣[4]曾游，忆往昔峥嵘岁月稠[5]。
恰同学少年，风华正茂；书生意气，挥斥方遒[6]。
指点[7]江山，激扬文字，粪土当年万户侯。
曾记否，到中流击水，浪遏[8]飞舟？

【注释】

（1）沁园春：词牌名，“沁园”为东汉明帝为女儿沁水公主修建的皇家园林，据《后汉书 窦宪传》记载，沁水公主的舅舅窦宪倚仗其妹贵为皇后之势，竟强夺公主园林，后人感叹其事，多在诗中咏之，渐成“沁园春”这一词牌。

（2）舸（gě）：大船。这里泛指船只。

（3）寥廓（liáo kuò）：广远空阔，这里用来描写宇宙之大。

（4）百侣：很多的伴侣。侣，这里指同学（也指战友）。

（5）峥嵘（zhēng róng）岁月稠：不平常的日子是很多的。峥嵘：山势高峻，这里是不平凡，不寻常的意思。稠：多。

（6）挥斥方遒（qiú）：热情奔放，劲头正足。

（7）指点：评论。

（8）遏（è）：阻止。

第六十五课　我骄傲，我是中国人

《我骄傲，我是中国人》是当代诗人王怀让写的一首颂诗。诗歌展开了一幅壮大的历史与现实的画卷，把中华民族优秀的文化传统和现代改革开放的意识结合了起来。作者从祖国的地大物博、历史文化与近几年来取得的伟大成就来宏扬歌颂中华民族，激发广大中华儿女的民族自豪感与自信心，激发中华儿女的的爱国情怀。语言气势磅礴，铿锵有力，为自己是一个中国人而骄傲。

王怀让，1942年5月6日生。济源市五龙口镇西正村人，1966年考入河南大学中文系，曾任《河南日报》编委员、文艺处处长，高级编辑。当代诗人，中国作协会员、中国剧协会员，河南省作协副主席，河南省诗歌学会会长，郑州大学客座教授。

我骄傲，我是中国人

王怀让

在无数蓝色的眼睛和褐色的眼睛之中，
我有着一双宝石般的黑色的眼睛，
我骄傲，我是中国人！

在无数白色的皮肤和黑色的皮肤之中，
我有着大地般黄色的皮肤，
我骄傲，我是中国人！

我是中国人——
黄土高原是我挺起的胸脯，
黄河流水是我沸腾的血液，
长城是我扬起的手臂，
泰山是我站立的脚跟。

我是中国人——
我的祖先最早走出森林，
我的祖先最早开始耕耘，
我是指南针、印刷术的后裔，
我是圆周率、地动仪的子孙。

在我的民族中
不光有史册上万古不朽的
孔夫子、司马迁、李自成、孙中山，
还有那文学史上万古不朽的
花木兰、林黛玉、孙悟空、鲁智深。
我骄傲，我是中国人！

我是中国人——
在我的国土上不光有
雷电轰不倒的长白雪山、黄山劲松，
还有那风雨不灭的井冈传统、延安精神！

我是中国人——
我那黄河一样粗犷的声音，
不光响在联合国的大厦里，
大声发表着中国的议论，
也响在奥林匹克的赛场上，
大声高喊着“中国得分”。
当掌声把五星红旗托上蓝天，
我骄傲，我是中国人！

我是中国人——
我那长城一样巨大的手臂，
不光把采油钻杆钻进外国人

预言打不出石油的地心；
也把嫦娥卫星送上祖先们
梦里也没有到过的白云；
当五大洲倾听东方的时候，
我骄傲，我是中国人！

我是中国人，
我是莫高窟壁画的传人，
让那翩翩欲飞的壁画与我们同往。
我就是飞天，
飞天是我们。
我骄傲，我是中国人！

第六十六课　黄 河 颂

从内容看，第一节是朗诵词，是全诗的序曲部分，作者先以呼告的手法，直接称呼读者为“朋友”，开宗明义地说出了要“歌颂黄河”的主题，展示了黄河的伟大坚强。

第二节是歌词，是全诗的主体部分，主要是“颂黄河”，诗人采用象征的手法，歌颂了我们的民族，激励中华儿女像黄河一样伟大坚强，以英雄的气概和坚强的决心保卫黄河，保卫中国。它旋律激昂，音乐壮阔，气势磅礴，热情深切，充满了强烈的冲击力和震撼力，展示了黄河桀骜不驯的血性和中华民族的英雄气概，歌颂了黄河气势宏伟，历史源远流长，养育了无数中华儿女。

光未然（1913—2002 年），原名张光年，他一生笔耕不辍，每天记日记，并利用一切机会如饥似渴地学习外语、中国古典文学，并潜心研究戏剧、音乐，阅读了大量外国文学名著和社会科学方面的著作。他创作了组诗《黄河大合唱》《五月的鲜花》《屈原》等诗作。在身患多种病痛的晚年，他关心青年作家的创作，并完成了厚重的古典文学研究成果《骈体语译文心雕龙》，之后由上海书店出版社出版，实现了他 40 年的心愿。

黄河颂

光未然

（朗诵词）

啊，朋友！
黄河以它英雄的气魄，
出现在亚洲的原野；
它表现出我们民族的精神：
伟大而又坚强！
这里，
我们向着黄河，
唱出我们的赞歌。

（歌词）

我站在高山之巅，
望黄河滚滚，
奔向东南。
惊涛澎湃，
掀起万丈狂澜；
浊流宛转，
结成九曲连环；
从昆仑山下
奔向黄海之边；
把中原大地
劈成南北两面。

啊！黄河！
你是中华民族的摇篮！
五千年的古国文化，
从你这儿发源；
多少英雄的故事，
在你的身边扮演！

啊！黄河！
你是伟大坚强，
像一个巨人
出现在亚洲平原之上，
用你那英雄的体魄
筑成我们民族的屏障。

啊！黄河！
你一泻万丈，
浩浩荡荡，
向南北两岸
伸出千万条铁的臂膀。
我们民族的伟大精神，
将要在你的哺育下
发扬滋长！
我们祖国的英雄儿女，
将要学习你的榜样，
像你一样的伟大坚强！
像你一样的伟大坚强！

第六十七课　光的赞歌

《光的赞歌》这首诗，篇幅宏大，气势磅礴，情绪深沉而热烈。它以高屋建瓴之势，在读者面前展开了时间和空间的无比宽阔的领域，层出不穷的哲理性的诗句，在这宽阔的领域中熠熠闪光。

诗人与光这样执著地结下了不解之缘，并不是偶然的。从创作上讲，诗人很早就感觉到了光伟大。在他当初学画的时候，他就开始认识了光。而后，在他创作诗的时候，进而认识了光。从人生道路上讲，很早他就感受到，光对人生的伟大作用。特别是他在监牢的黑暗之中度过三年之后，对于光就有了更清醒的认识，感情也日趋炽烈。随着阅历的加深，随着生活的坎坷颠簸，随着对中华民族深重灾难的进一步认识，对科学与民主的进一步理解，随着对社会、人生、历史的不断深入的思考，诗人对于光的关系更深化更紧密了。可以说，光，已成为诗人的血肉，甚至可以说，光，已成为诗人的灵魂，已成为诗人的诗魂。

本节诗歌在对祖国的现实与未来进行了热情描绘之后，诗人在最后以上面两句诗结束全诗，让全诗更进入辽阔的诗化境界。

一个诗人，一个作家，常常有自己最喜欢的题材和形象，并在作品中不断地展现。这不仅不表明作者的困惑，而是更说明作者的明晰。因为作者是在不同的历史时期，在不同的心境和感情的情况下进行创作的，即会出现不同的风貌，高明的作者决不会雷同。而且，还会形成一种系列，加深人的印象，对艺术力量的加强和作者风格的形成都有好处。

这种创作现象，不论在中国，还是在世界上，都是显而易见的。

艾青，原名蒋海澄，1910 年 3 月 27 日生于浙江金华，现代文学家、诗人。

1928 年中学毕业后考入国立杭州西湖艺术院。1933 年第一次用笔名发表长诗《大堰河——我的保姆》。1932 年在上海加入中国左翼美术家联盟，从事革命文艺活动。1935 年，出版了第一本诗集《大堰河》。1957 年被错划为右派。曾赴黑龙江、新疆生活和劳动，创作中断了二十余年。1979 年平反后，任中国作家协会副主席、国际笔会中心副会长等职。1985 年获法国文学艺术最高勋章。

光的赞歌（节选）

艾青

我们的祖先是光荣的
他们为我们开辟了道路
沿途
下了深深的足迹
每个足迹里都有血迹

现在我们正开始新的长征
这个长征不只是二万五千里的路程
我们要逾越的也不只是十万大山
我们要攀登的也不只是千里岷山
我们要夺取的也不只是金沙江、大渡河

我们要抢渡的是更多更险的流口
我们在攀登中将要遇到更大的风雪、更多的冰川……
但是光在召唤我们前进
光在鼓舞我们、激励我们
光给我们送来了新时代的黎明
我们的人民从四面八方高歌猛进

让信心和勇敢伴随着我们
武装我们的是最美好的理想
我们是和最先进的阶级在一起
我们的心胸燃烧着希望
我们前进的道路铺满阳光

让我们的每个日子
都像飞轮似的旋转起来
让我们的生命发出最大的能量
让我们像从地核里释放出来似的
极大地撑开光的翅膀
在无限广阔的宇宙中飞翔

让我们以最高的速度飞翔吧
让我们以大无畏的精神飞翔吧
让我们从今天出发飞向明天
让我们把每个日子都当做新的起点

或许有一天，总有一天
我们这个古老的民族
我们最勇敢的阶级
将接受光的邀请
却叩开那些紧闭的大门
访问我们所有的芳邻

让我们从地球出发
飞向太阳……

第六十八课　我用残损的手掌

这首诗可分为两个部分。第一部分表现对祖国命运的深切关注：虽然自己的手掌已经“残损”，却仍然要摸索祖国“广大的土地”，触到的只是“血和灰”，从而感觉到祖国笼罩在苦难深重的“阴暗”之中。第二部分写诗人的手终于摸到了“那辽远的一角”，即“依然完整”，没有为侵略者所蹂躏的解放区，诗人对这块象征着“永恒的中国”的土地，发出了深情赞美。描写沦陷区阴暗，从实处着笔，用一幅幅富有特征的小画面缀连。抒写解放区的明丽，侧重于写意，用挚爱和柔情抚摩，加之一连串亲切温馨气息的比喻，使诗章透现出和煦明媚的色彩。可以说这首诗既是诗人长期孕育的情感的结晶，也是他在困苦抑郁中依旧保持着的爱国精神的升华。

本诗用虚拟和想像的手法，设想自己用残损的手掌抚摸饱受践踏和蹂躏的祖国土地，表达了诗人对侵略者的痛恨和对祖国被入侵的痛苦，以及热爱祖国并对人民战胜侵略者的坚定信心。

我用残损的手掌

戴望舒

我用残损的手掌
摸索这广大的土地：
这一角已变成灰烬，
那一角只是血和泥；
这一片湖该是我的家乡，
（春天，堤上繁花如锦幛，
嫩柳枝折断有奇异的芬芳，）
我触到荇藻[1]和水的微凉；
这长白山的雪峰冷到彻骨，
这黄河的水夹泥沙在指间滑出；
江南的水田，你当年新生的禾草
是那么细，那么软……现在只有蓬蒿；
岭南的荔枝花寂寞地憔悴，
尽那边，我蘸着南海没有渔船的苦水……

无形的手掌掠过无限的江山，
手指沾了血和灰，手掌沾了阴暗，
只有那辽远的一角依然完整，
温暖，明朗，坚固而蓬勃生春。
在那上面，我用残损的手掌轻抚，
像恋人的柔发，婴孩手中乳。
我把全部的力量运在手掌
贴在上面，寄与爱和一切希望，
因为只有那里是太阳，是春，
将驱逐阴暗，带来苏生，
因为只有那里我们不像牲口一样活，
蝼蚁一样死……
那里，永恒的中国！

【注释】

（1）荇（xìng）藻（zǎo）：是多年生草本植物，外观叶子略呈圆形，叶子浮在水面，根生在水底，花黄色，蒴果椭圆形。根茎可吃，全草可供药用或作饲料或作肥料。又名藻荇。

第六十九课　我爱这土地

导 语

第一层，起始两句：“假如我是一只鸟，/我也应该用嘶哑的喉咙歌唱”，点出土地情结，诗人对土地的酷爱无法表达；第二层，“这被暴风雨所打击着的土地，/连羽毛也腐烂在土地里面”，倾吐土地情结，诠释了我来自土地而最终归于土地，这样，爱才得以升华，得以永恒的情感；第三层，“为什么我的眼里常含泪水？因为我对这土地爱得深沉……”，升华土地情结，诗人由借鸟抒情转入直抒胸臆，诗人难以诉诸语言，只能凝成晶莹的泪水，全诗在这问答中达到高潮，那炽热、真挚的爱国情怀，留下不尽的余韵。

艾青对土地的关注，就是对农民、民族、祖国的挚爱。写于抗战爆发后 1938 年的《我爱这土地》就是艾青这种特有的土地情结的代表作。在国土沦丧、民族危亡的紧急关头，艾青向祖国捧出一颗赤子之心，爱国深情的抒发，波澜起伏，层层推进。

我爱这土地

艾青

我爱这土地
假如我是一只鸟，
我也应该用嘶哑的喉咙歌唱：
这被暴风雨所打击着的土地，
这永远汹涌着我们的悲愤的河流，
这无止息地吹刮着的激怒的风，
和那来自林间的无比温柔的黎明……
——然后我死了，
连羽毛也腐烂在土地里面。
为什么我的眼里常含泪水？
因为我对这土地爱得深沉……

第七十课 囚 歌

叶挺将军这首《囚歌》，原诗以“六面碰壁居士”落款，这正是他当时处境的形象写照。皖南事变后，时任新四军军长的叶挺将军遭到国民党当局长期的无理拘押。写作此诗时，他被囚禁于重庆郊区的红炉厂，此处专门关押高级政治犯，是臭名昭著的中美技术合作所的“禁地”。

《囚歌》一诗浓缩着叶挺将军牢狱生涯的深切体验，是他对于生命、自由和尊严之辩证关系的悲壮思考，每一句都具有厚重的份量。诗人运用象征和对比的手法，向人们展示了革命者坚强的革命意志，崇高的革命气节和奋斗到底的革命精神。

全诗明白晓畅，通俗易懂，不着一典，犹如脱口而出，但感情炽烈，气势豪迈，意境表达清晰完整。这是诗人高尚情操的真实流露，让读者情不自禁地为诗中的那股凛然正气而震撼，为诗人的高尚人格而肃然起敬。

叶挺（1896—1946年），原名叶为询，字希夷，号西平，广东惠阳县人，是中国人民解放军创始人之一，新四军重要领导者之一，著名军事家。

其所在的国民革命军第四军在北伐中被誉为“铁军”。曾参与指挥南昌起义并出任前敌总指挥，参加广州起义时任起义军工农红军总司令，抗日战争中又出任新四军军长，皖南事变中被国民党扣押，他拒绝蒋介石的威逼利诱，写出了著名的《囚歌》以明志。抗战胜利后，获救出狱后被中国共产党重新接纳为党员。1946年4月8日与夫人李秀文，以及秦邦宪、邓发、王若飞等同志在返回延安途中，不幸遭遇空难。1988年，被中央军委确定为36位开国军事家之一。

1989年11月，经中央军委确定，被冠以“中国人民解放军军事家”的称号。

囚　歌

叶挺

为人进出的门紧锁着，
为狗爬出的洞敞开着，
一个声音高叫着：
爬出来吧，给你自由！
我渴望自由，
但我深深地知道——
人的身躯怎能从狗洞子里爬出！
我希望有一天，
地下的烈火，
将我连这活棺材一齐烧掉，
我应该在烈火与热血中得到永生！

第七十一课　祖国啊，我亲爱的祖国

这是一首深情的爱国之歌，诗中交融着深沉的历史感与强烈的时代感，涌动着摆脱贫困、挣脱束缚、走向新生的激情，读来令人荡气回肠。

爱国是本诗的主题。本诗对于爱国情感的表达，不是盲目的，而是深思的；不是浮浅的，而是深沉的。可以看作是“反思文学”的代表之作。比如对祖国，诗人既看到“贫穷”“悲哀”的一面，又看到光明（“希望”“花朵”）的一面。如果说祖国是“河边上破旧的老水车”，那她也“数百年来纺着疲惫的歌”，并不颓败；如果说祖国是“额上熏黑的矿灯”，那她也“照你在历史的隧洞里蜗行摸索”，并不停滞；如果说“（我）是淤滩上的驳船”，祖国的苦难也是我“把纤绳深深勒进你的肩膊”而造成的。诗歌形象地展现了诗人与祖国的血肉联系。诗人自己则是“迷惘的我，深思的我，沸腾的我”。和《一代人》比起来，诗人是把自己的遭遇和祖国的命运紧紧联系起来的，因此，诗中并没有流露出怨天尤人的情绪。如末节——我是你十亿分之一，是你九百六十万平方的总和……

全诗无一字议论，皆以意象描绘，以情贯穿。所选意象既质朴又鲜明，既独特又贴切，每一个词也都与被描绘的景象紧密契合。抒情又非一览无余的倾泻，而很注意其波动的节奏，由悲哀、低沉到欣喜、高昂，又由亢奋到深沉，其中纠结着悲怆、忧患、炽烈，失望与希望，叹息与追求等多种复杂而凝重的感情，体现出诗人独有的委婉幽深、柔美隽永的抒情个性。

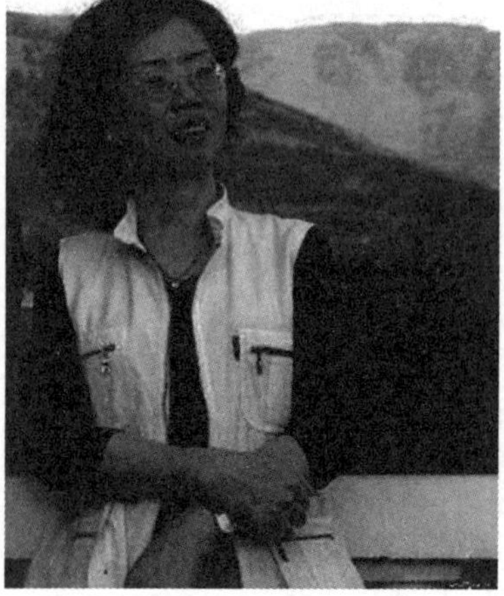

舒婷，原名龚佩瑜，祖籍福建泉州，1952 年出生于福建石码镇（漳州龙海）。

朦胧诗派的代表作家之一，与北岛、顾城齐名，1969 年下乡插队，1972 年返城当工人。1979 年开始发表诗歌作品。1980 年到福建省文联工作，从事专业写作。著有诗集《双桅船》《会唱歌的鸢尾花》《始祖鸟》，散文集《心烟》《秋天的情绪》《硬骨凌霄》《露珠里的“诗想”》《舒婷文集》（3 卷）、《真水无香》等。诗歌《祖国啊，我亲爱的祖国》获 1980 年全国中青年优秀诗歌作品奖。舒婷擅长于自我情感律动的内省、在把捉复杂细致的情感体验方面特别表现出女性独有的敏感。情感的复杂、丰富性常常通过假设、让步等特殊句式表现得曲折尽致。

祖国啊，我亲爱的祖国

舒婷

我是你河边上破旧的老水车，
数百年来纺着疲惫的歌；
我是你额上熏黑的矿灯，
照你在历史的隧洞里蜗行摸索；
我是干瘪的稻穗，是失修的路基；
是淤滩上的驳船
把纤绳深深
勒进你的肩膊，
——祖国啊！

我是贫穷，
我是悲哀。
我是你祖祖辈辈
痛苦的希望啊，
是“飞天”袖间
千百年未落到地面的花朵，
——祖国啊！

我是你簇新的理想，
刚从神话的蛛网里挣脱；
我是你雪被下古莲的胚芽；
我是你挂着眼泪的笑涡；
我是新刷出的雪白的起跑线；
是绯红的黎明
正在喷薄；
——祖国啊！

我是你的十亿分之一，
是你九百六十万平方的总和；
你以伤痕累累的乳房
喂养了
迷惘的我、深思的我、沸腾的我；
那就从我的血肉之躯上
去取得
你的富饶、你的荣光、你的自由；
——祖国啊，
我亲爱的祖国！

第七十二课　西风颂

第一节描写西风扫除林中残叶，吹送生命的种籽。第二节描写西风搅动天上的浓云密雾，呼唤着暴雨雷电的到来。第三节描写西风掀起大海的汹涌波涛，摧毁海底花树。三节诗三个意境，诗人想象的翅膀飞翔在树林、天空和大海之间，飞翔在现实和理想之间，形象鲜明，想象丰富，但中心思想只有一个，就是歌唱西风扫除腐朽、鼓舞新生的强大威力。从第四节开始，由写景转向抒情，由描写西风的气势转向直抒诗人的胸臆，抒发诗人对西风的热爱和向往，达到情景交融的境界，而主旨仍然是歌唱西风。因此，结构严谨，层次清晰，主题集中，是《西风颂》一个突出的艺术特点。其次，雪莱善于把主观思想情感与自然景物完美结合起来，歌唱西风，同时也在歌唱席卷整个欧洲的革命风暴。

整首诗由始至终围绕着秋天的西风，无论是写景还是抒情，都没有脱离这个特定的描写对象，没有使用过一句政治术语和革命口号。雪莱在歌唱西风，又不完全是歌唱西风，诗人实质上是通过歌唱西风来歌唱革命。诗中的西风、残叶、种籽、流云、暴雨雷电、大海波涛、海底花树等，都不过是象征性的东西，它们包含着深刻的寓意，大自然风云激荡的动人景色，乃是人间蓬勃发展的革命斗争的象征性反映。从这个意义上说，《西风颂》不是风景诗，而是政治抒情诗，它虽然没有一句直接描写革命，但整首诗都是在反映革命。尤其是结尾处脍炙人口的诗句，既概括了自然现象，也深刻地揭示了人类社会的历史规律，指出了革命斗争经过艰难曲折走向胜利的光明前景，寓意深远，余味无穷。

珀西·比希·雪莱（英文原名：Percy Bysshe Shelley，公元1792—公元1822年，享年29岁），英国著名作家、浪漫主义诗人，被认为是历史上最出色的英语诗人之一。英国浪漫主义民主诗人、第一位社会主义诗人、小说家、哲学家、散文随笔和政论作家、改革家、柏拉图主义者和理想主义者，受空想社会主义思想影响颇深。

雪莱生于英格兰萨塞克斯郡霍舍姆附近的沃恩汉，12岁进入伊顿公学，1810年进入牛津大学，1811年3月25日由于散发《无神论的必然》，入学不足一年就被牛津大学开除。1813年11月完成叙事长诗《麦布女王》，1818年至1819年完成了两部重要的长诗《解放了的普罗米修斯》和《倩契》，以及其不朽的名作《西风颂》。

西风颂（节选）

雪莱

把我当作你的竖琴，当作那树丛：
尽管我的叶落了，那有什么关系！
你那非凡和谐的慷慨激越之情
定能从森林和我同奏出深沉的秋韵，
甜美而带苍凉。给我你迅猛的劲头，
狂暴的精灵！化成我吧，借你的锋芒！
请把我尘封的思想散落在宇宙
让它像枯叶一样促成新的生命！
哦，请听从这一篇符咒似的诗歌，
就把我的心声，像是灰烬和火星
从还未熄灭的炉火向人间播散！
让预言的喇叭通过我的嘴巴
把昏睡的大地唤醒吧！哦，西风啊，
如果冬天来了，春天还会远吗？

第七十三课　颂　　歌

这首诗以“剑”与“火”自喻，表现了诗人要为理想奋斗不息的精神，是一首具有高尚而庄严的人生宣言意义的著名诗篇。

海因里希·海涅（Heinrich Heine 1797—1856 年），德国著名抒情诗人和散文家，被称为“德国古典文学的最后一位代表”。1797 年 12 月 13 日生于德国莱茵河畔杜塞尔多夫一个犹太人家庭。童年和少年时期经历了拿破仑战争。学过金融和法律。《诗歌集》（1827 年）为海涅赢得了世界性的声誉，是他的第一部诗集，包含《青春的苦恼》《抒情插曲》《还乡集》《北海集》等组诗。

颂　　歌

海涅

我是剑，我是火焰。
黑暗里我照耀着你们，
战斗开始时，
我奋勇当先
走在队伍的最前列。
我周围倒着
我的战友的尸体，
可是我们得到了胜利。
我们得到了胜利，
可是周围倒着

我的战友的尸体。
在欢呼胜利的凯歌里
响着追悼会严肃的歌声。
但我们没有时间欢乐，
也没有时间哀悼。
喇叭重新吹起，
又开始新的战斗。
我是剑，我是火焰。

第七十四课　白杨礼赞

这是一篇托物抒情的散文，通过对白杨树不平凡形象的赞美，歌颂了中国共产党领导下的抗日军民和整个中华民族紧密团结、力求上进、坚强不屈的革命精神和斗争意志。

这篇散文不仅思想内涵丰裕，在艺术上也极具感染力。作者以白杨树象征“真人真地”，立意奇妙，在画面上的形象和气势，既明朗而又委婉。为了突出白杨树，作者在环境描写上颇有讲究，衬托了白杨树的壮丽、挺拔的气质和形象。

文章布局整饬而又层层深化，围绕讴歌白杨树，从外形到内核各个层面深入抒发，同时，开头、结尾相互呼应，强化了主题。

茅盾（1896—1981 年），原名沈德鸿，笔名茅盾，字雁冰，浙江省嘉兴市桐乡市人。中国现代著名作家、文学评论家、文化活动家以及社会活动家。

茅盾出生在一个思想观念颇为新潮的家庭里，从小接受新式的教育。后考入北京大学预科，毕业后入商务印书馆工作，从此走上了改革中国文艺的道路，他是新文化运动的先驱者、中国革命文艺的奠基人之一。

他的代表作有小说《子夜》《春蚕》和文学评论《夜读偶记》。

白杨礼赞

茅盾

白杨树实在不是平凡的，我赞美白杨树！

当汽车在望不到边际的高原上奔驰，扑入你的视野的，是黄绿错综的一条大毯子。黄的，那是土，未开垦的处女土，几百万年前由伟大的自然力所堆积成功的黄土高原的外壳；绿的呢，是人类劳力战胜自然的成果，是麦田，和风吹送，翻起了一轮一轮的绿波——这时你会真心佩服昔人所造的两个字“麦浪”，若不是妙手偶得，便确是经过锤炼的语言的精华。黄与绿主宰着，无边无垠，坦荡如砥[(1)]，这时如果不是宛若并肩的远山的连峰提醒了你（这些山峰凭你的肉眼来判断，就知道是在你脚底下的），你会忘记了汽车是在高原上行驶。这时你涌起来的感想也许是“雄壮”，也许是“伟大”，诸如此类的形容词；然而同时你的眼睛也许觉得有点倦怠，你对当前的“雄壮”或“伟大”闭了眼，而另一种味儿在你心头潜滋暗长了——“单调”！可不是，单调，有一点儿罢？

然而刹那间，要是你猛抬眼看见了前面远远有一排，——不，或者甚至只是三五株，一株，傲然地耸立，像哨兵似的树木的话，那你的恹恹欲睡的情绪又将如何？我那时是惊奇地叫了一声的。

那就是白杨树，西北极普通的一种树，然而实在不是平凡的一种树。

那是力争上游的一种树，笔直的干，笔直的枝。它的干呢，通常是丈把高，像是加以人工似的，一丈以内绝无旁枝。它所有的丫枝呢，一律向上，而且紧紧靠拢，也像是加以人工似的，成为一束，绝无横斜逸出。它的宽大的叶子也是片片向上，几乎没有斜生的，更不用说倒垂了；它的皮，光滑而有银色的晕圈，微微泛出淡青色。这是虽在北方的风雪的压迫下却保持着倔强挺立的一种树。哪怕只有碗来粗细罢，它却努力向上发展，高到丈许，二丈，参天耸立，不折不挠，对抗着西北风。

这就是白杨树，西北极普通的一种树，然而决不是平凡的树！

它没有婆娑的姿态，没有屈曲盘旋的虬枝，也许你要说它不美丽，——如果美是专指“婆娑”或“横斜逸出[(2)]”之类而言，那么白杨树算不得树中的好女子；但是它却是伟岸，正直，朴质，严肃，也不缺乏温和，更不用提它的坚强不屈与挺拔，它是树中的伟丈夫！当你在积雪初融的高原上走过，看见平坦的大地上傲然挺立这么一株或一排白杨树，难道你觉得树只是树，难道你就不想到它的朴质，严肃，坚强不屈，至少也象征了北方的农民；难道你竟一点也不联想到，在敌后的广大土地上，到处有坚强不屈，就像这白杨树一样傲然挺立的守卫他们家乡的哨兵！难道你又不更远一点想到这样枝枝叶叶靠紧团结，力求上进的白杨树，宛然象征了今天在华北平原纵横决荡[(3)]用血写出新中国历史的那种精神和意志。

白杨不是平凡的树。它在西北极普遍，不被人重视，就跟北方农民相似；它有极强的生命力，磨折不了，压迫不倒，也跟北方的农民相似。我赞美白杨树，就因为它不但象征了北方的农民，尤其象征了今天我们民族解放斗争中所不可缺的朴质，坚强，以及力求上进的精神。

让那些看不起民众，贱视民众，顽固的倒退的人们去赞美那贵族化的楠木（那也是直干秀颀[4]的），去鄙视这极常见，极易生长的白杨罢，但是我要高声赞美白杨树！

【注释】

（1）坦荡如砥：平坦得像磨刀石。
（2）横斜逸出：意思是（树枝）从树干的旁边斜伸出来。逸，原是“逃”的意思。
（3）纵横决荡：纵横驰骋，冲杀突击。
（4）秀颀：美而高。颀，高。

第七十五课　永不退缩的林肯总统

林肯是伟大的，令人尊敬的，虽然只读了一年多的书，却能从一个普通的平民变成了美国总统，向世界发表了《解放宣言》，其经历就是部励志经典。林肯之所以能取得如此了不起而伟大的成就，除了与他从小勤奋好学、胸怀大志有关，更重要还在于面对挫折与磨难，他永不退缩，从未放弃，特别是在其进驻白宫前，失败历程几乎无人能比，但最终还是胜出。这篇文章通过对一贫如洗，一生都在面对挫败的林肯的事迹，告诉我们磨难是上帝的礼物，要积极面对，乐观向上。永不退缩的强者，总是能把希望与爱的光明和欢乐带给世界。其实就算是我们现在的社会，只要你有毅力，够坚强，不退缩，也一样可以取得成功。

永不退缩的林肯总统

佚名

每个人心中都有继续向前的使命感，努力奋斗是每个人的责任，我对这样的责任怀有一份舍我其谁的信念。

——亚伯拉罕林肯

能坚持到底的最佳实例可能就是亚伯拉罕·林肯。如果你想知道有谁从来未放弃，那就不必再寻寻觅觅了。

生下来就一贫如洗的林肯，终其一生都在面对挫败，八次选举八次落选，还有两次经商失败，甚至一次精神崩溃。好多次，他本可以放弃，但他并没有如此，也是因为没有放弃，才成为美国史上最伟大的总统之一。林肯天下无敌，而且从不放弃。以下是林肯进驻白宫的历程简历。

1816年，他的家人被赶出居住的地方，他必须工作以抚养他们。1818年，他母亲去世。

1832年，竞选州议员——但落选。

1832年，工作也丢了，想去就读法学院，但进不去。

1833年，向朋友借一些钱经商，但年底就破产，接下来花了十七年，才把债还清。

1834年，再次竞选州议员——赢了。

1835年，订婚后就快结婚了，但伊人却死了，因此他的心也碎了。1836年，完全精神崩溃，卧床六个月。

1838年，争取成为州议员发言人——失败了。1840年，争取成为选举人——失败了。

1843年，参加国会大选——落选了。

1846年，再次参加国会大选——这次当选了。前往华盛顿特区，表现可圈可点。

1848年，寻求国会议员连任——失败了。

1849年，想在自己的州内担任土地局长的工作，被拒绝了。1854年，竞选美国参议员——落选了。

1856年，在党的全国代表大会上争取到总统的提名——得票不到一百张。

1858年，竞选美国参议员——又再度落败。

1860年，当选美国总统。

“此路破败不堪，又容易滑倒，我一只脚滑了一跤，另一只脚也因而站不稳，我回过气来告诉自己，这不过是滑一跤，并不是死悼都爬不起来。”亚伯拉罕·林肯在竞选先议员落败后如此说。

革命导师马克思高度地评价林肯是一个“不会被困难所吓倒，不会为成功所迷惑的人。他不屈不挠地迈向自己的伟大目标，而从不轻举妄动。他稳步向前，而从不倒退。总之，他是一位达到了伟大境界而仍然保持自己优良品质的罕有的人物”。

亚伯拉罕·林肯是美国第16任总统，是世界历史中最伟大的人物之一，领导了拯救联邦和结束奴隶制度的伟大斗争。人们怀念他的正直、仁慈和坚强的个性。他一直是美国历史上最受人景仰的总统之一。尽管他因贫困只受过一点儿初级教育，担任公职的经验也很少，（他大部分知识都是自学而来的，林肯经常读书到凌晨二点多才睡觉）然而，他那敏锐的洞察力和深厚的人道主义意识，使他成为美国历史上伟大的总统。

第四章　平天下篇

第七十六课 诗经·硕鼠

诗文出自《诗经·国风·魏风》。本诗三章都以“硕鼠硕鼠”开端，直呼奴隶主剥削阶级为贪婪可憎的大老鼠、肥老鼠，不但形象地刻划了剥削者的丑恶面目，而且让人联想到“老鼠”之所以“硕大”的原因。正是贪婪、剥削的程度太大了，从而激起对剥削者的憎恨。从“无食我黍”“无食我麦”到“无食我苗”,反映了奴隶们捍卫劳动成果的正义要求,同时也说明了奴隶主的贪得无厌。奴隶们被剥削的深重，举凡一切劳动果实，都被奴隶主所吞没。从“三岁贯汝，莫我肯顾”、“莫我肯德”到“莫我肯劳”，揭露了奴隶主忘恩负义的本性。奴隶们长年的劳动，用自己的血汗养活了奴隶主，而奴隶主却没有丝毫的同情和怜悯，残忍无情，得寸进尺，剥削的程度愈来愈强。这首诗不但写出了奴隶们的痛苦，而且写出了奴隶们的反抗；不但写出了奴隶们的反抗，而且写出了奴隶们的追求和理想。因此，它比单纯揭露性的作品，有更高的思想意义，有更大的鼓舞力量。

诗经·硕鼠(1)

先秦·佚名

硕鼠硕鼠，无(2)食我黍！三岁贯女(3)，莫我肯顾。
逝(4)将去女，适彼乐土。乐土乐土，爰得我所。
硕鼠硕鼠，无食我麦！三岁贯女，莫我肯德(5)。
逝将去女，适彼乐国(6)。乐国乐国，爰得我直(7)？
硕鼠硕鼠，无食我苗！三岁贯女，莫我肯劳(8)。
逝将去女，适彼乐郊。乐郊乐郊，谁之永号？

【注释】

（1）硕鼠：大老鼠。这里用来比喻贪得无厌的剥削统治者。

（2）无：毋，不要。黍：黍子，也叫黄米，谷类，是重要粮食作物之一。

（3）三岁贯女（rǔ）：侍奉你多年。三岁，多年，说明时间久。三，非实数。贯，借作“宦”，侍奉。女，同“汝”，你，指统治者。

（4）逝：通“誓”。

（5）德：加恩，施惠。

（6）国：域，即地方。

（7）直：王引之《经义述闻》说：“当读为职，职亦所也。”一说同“值”，报酬。

（8）劳：慰劳。

【译文】

大老鼠呀大老鼠，不许吃我种的黍！多年辛勤伺候你，你却对我不照顾。发誓定要摆脱你，去那乐土有幸福。那乐土啊那乐土，才是我的好去处！

大老鼠呀大老鼠，不许吃我种的麦！多年辛勤伺候你，你却对我不优待。发誓定要摆脱你，去那乐国有仁爱。那乐国啊那乐国，才是我的好所在！

大老鼠呀大老鼠，不许吃我种的苗！多年辛勤伺候你，你却对我不慰劳！发誓定要摆脱你，去那乐郊有欢笑。那乐郊啊那乐郊，谁还悲叹长呼号！

第七十七课　生于忧患，死于安乐

孟子在这篇不到二百字的短章中，运用排比，层层深入进行论证，围绕客观环境与个人和国家命运的关系，阐述了“生于忧患，死于安乐”的深刻道理。一个人要成就大事，一定要经历许多艰难困苦的磨炼，只有经历艰难困苦，经风雨，见世面，才能锻炼意志，增长才干，担当大任。安逸享乐，在温室里成长，则不能养成克服困难，摆脱逆境的能力，会在困难面前束手无策，遇挫折、逆境则消沉绝望，往往导致灭亡。

生于忧患，死于安乐

孟子

舜发于畎亩[1]之中，傅说[2]举[3]于版筑[4]之间，胶鬲[5]举于鱼盐[6]之中，管夷吾举于士[7]，孙叔敖举于海，百里奚举于市。

故天将降大任于是人也，必先苦[8]其心志，劳其筋骨，饿其体肤，空乏其身，行拂乱其所为，所以动心忍性，曾益其所不能。

人恒过，然后能改；困于心，衡于虑[9]，而后作；征于色，发于声，而后喻。入则无法家拂士[10]，出则无敌国外患者，国恒亡。

然后知生于忧患而死于安乐也。

【注释】

（1）畎（quǎn）亩：田亩，此处意为耕田。畎，田间水渠。

（2）傅说（yuè）：商代丞相。

（3）举：选拔。

（4）版筑：筑墙的时候在两块夹板中间放土，用杵捣土，使它坚实。筑，捣土用的杵。

（5）胶鬲（gé）：贩卖鱼、盐的商贩，后周文王把他举荐给商纣王，作为内应。

（6）鱼盐：此处意为在海边捕鱼晒盐。

（7）士：狱官。

（8）苦：动词的使动用法，使……苦恼。

（9）衡于虑：思虑堵塞。衡，通“横”，梗塞，指不顺。

（10）拂（bì）士：辅佐君主的贤士。拂，通“弼”，辅佐。

【译文】

舜从田野耕作之中被起用，傅说从筑墙的劳作之中被起用，胶鬲从贩鱼卖盐中被起用，管夷吾被从狱官手里救出来并受到任用，孙叔敖从海滨隐居的地方被起用，百里奚被从奴隶市场里赎买回来并被起用。

所以上天要把重任降临在某人的身上，一定先要使他心意苦恼，筋骨劳累，使他忍饥挨饿，身体空虚乏力，使他的每一行动都不如意，这样来激励他的心志，使他性情坚忍，增加他所不具备的能力。

一个人，常常出错，然后才能改正；心意困苦，思虑阻塞．然后才能奋发；别人愤怒表现在脸色上，怨恨吐发在言语中，然后你就会知道。一个国家，如果在国内没有坚守法度的大臣和足以辅佐君王的贤士，在国外没有与之匹敌的邻国和来自外国的祸患，就常常会有覆灭的危险。

这样，就知道忧愁患害足以使人生存，安逸享乐足以使人灭亡的道理了。

第七十八课　白 马 篇

在这首诗中，曹植以浓墨重彩描绘了一位武艺高超、渴望卫国立功，甚至不惜牺牲生命的游侠少年形象，借以抒发自己的报国激情。诗歌的风格雄放，气氛热烈，语言精美，称得上是情调兼胜。

诗人不仅以激情的笔调写出了白马少年的英雄行为，而且以精湛的语言揭示了人物的爱国精神。诗歌的最后几句，道出了白马少年的思想底蕴和壮烈情怀，音哀气壮，声沉调远，大有易水悲歌的遗韵。

曹植（192—232 年），字子建，东汉豫州刺史部谯（今安徽省亳州市）人，出生于东武阳（今山东莘县），是曹操与武宣卞皇后所生第三子，生前曾为陈王，去世后谥号“思”，因此又称陈思王。曹植是三国时期曹魏著名文学家，是建安文学的代表人物之一与集大成者，其代表作有《洛神赋》《白马篇》《七哀诗》等。其诗以笔力雄健和词采画眉见长，后人因其文学上的造诣而将他与曹操、曹丕合称为“三曹”。

白 马 篇[1]

曹植

白马饰金羁[2]，连翩[3]西北驰。借问谁家子，幽并游侠儿。
少小去乡邑，扬声沙漠垂。宿昔[4]秉良弓，楛矢[5]何参差。
控弦破左的，右发摧月支[6]。仰手接飞猱[7]，俯身散马蹄。
狡捷过猴猿，勇剽[8]若豹螭[9]。边城多警急，虏骑[10]数迁移。
羽檄[11]从北来，厉马登高堤。长驱蹈匈奴，左顾凌鲜卑。
弃身锋刃端，性命安可怀？父母且不顾，何言子与妻！
名编壮士籍，不得中顾私。捐躯赴国难，视死忽如归！

【注释】

(1)白马篇：又名“游侠篇”，是曹植创作的乐府新题，属《杂曲歌·齐瑟行》，以开头二字名篇。

(2)金羁(jī)：金饰的马笼头。

(3)连翩(piān)：连续不断，原指鸟飞的样子，这里用来形容白马奔驰的俊逸形象。

(4)宿昔：早晚。

(5)楛(hù)矢：用楛木做成的箭。

(6)月支(ròu zhī)：与后文的马蹄都是箭靶的名称。

(7)飞猱(náo)：飞奔的猿猴。

(8)勇剽(piāo)：勇敢剽悍。

(9)螭(chī)：传说中形状如龙的黄色猛兽。

(10)虏骑(jì)：指匈奴、鲜卑的骑兵。

(11)羽檄(xí)：军事文书，插鸟羽以示紧急，必须迅速传递。

【译文】

驾驭着白马向西北驰去，马上佩带着金色的马具。有人问他是谁家的孩子，边塞的好男儿游侠骑士。

年纪轻轻就离别了家乡，到边塞显身手建立功勋。楛木箭和强弓从不离身，下苦功练就了一身武艺。

拉开弓如满月左右射击，一箭箭中靶心不差毫厘。飞骑射裂了箭靶“月支”，转身又射碎箭靶“马蹄”。

他灵巧敏捷赛过猿猴，又勇猛轻疾如同豹螭。听说国家边境军情紧急，侵略者一次又一次进犯内地。

告急信从北方频频传来，游侠儿催战马跃上高堤。随大军平匈奴直捣敌巢，再回师扫鲜卑驱逐敌骑。

上战场面对着刀山剑树，从不将安和危放在心里。连父母也不能孝顺服侍，更不能顾念那儿女妻子。

名和姓既列上战士名册，早已经忘掉了个人私利。为国家解危难奋勇献身，看待死亡就好像回归故里。

第七十九课　过 秦 论

历代文人，政治家选取秦灭六国，统一中国而后又顷刻瓦解这一历史现象作为议论的题材，其中成就最高，影响最大的，当推贾谊的《过秦论》。贾谊作为西汉一代著名的散文家和辞赋家，以赋体笔墨写论说文，使其成为开一代风气的作家。

本段节选从正面描写，把秦始皇的实力和野心描绘得淋漓尽致，“始皇之心，自以为关中之固，金城千里，子孙帝王万世之业也”等，都是写秦之野心和实力。与此同时，作者也写了另一方面，如“四君”“九国之师”“六国之士”等，愈写对方数量之多也就愈反衬秦之强大，这是烘云托月的手法。但我们却感到：愈写秦之强大，就愈见秦之骄横愚昧；愈写秦之自信太强，就愈见秦之主观片面；愈写秦之野心极大，就愈见秦之眼光短浅。本段作者虽处处叙而不论，却处处为后文的议论在“蓄势”。这样的文章，读起来自然感到饱满酣畅。

贾谊（公元前 200—公元前 168），汉族，洛阳（今河南省洛阳市东）人，字太傅。西汉初年著名的政论家、文学家。其著作主要有散文和辞赋两类。散文如《过秦论》《论积贮疏》《陈政事疏》等都很有名；辞赋以《吊屈原赋》、《鹏鸟赋》最著名。

过秦论（节选）

贾谊

及至始皇，奋六世[(1)]之余烈，振长策而御[(2)]宇内，吞二周而亡诸侯，履至尊[(3)]而制六合，执敲扑而鞭笞天下，威振[(4)]四海。南[(5)]取百越之地，以为桂林、象郡；百越之君，俯首系颈，委命下吏[(6)]。乃使蒙恬北[(7)]筑长城而守藩篱，却匈奴七百余里。

胡人不敢南下而牧马，士不敢弯弓而报怨。于是废先王[8]之道，焚百家之言，以愚黔首；隳名城[9]，杀豪杰，收天下之兵，聚之咸阳，销锋镝[10]，铸以为金人十二，以弱天下之民。然后践华为城，因河为池，据亿丈之城[11]，临不测之渊，以为固。良将劲弩守要害之处，信臣精卒陈利兵而谁何。天下已定，始皇之心，自以为关中[12]之固，金城[13]千里，子孙帝王万世之业也。

【注释】

（1）六世：指秦孝公、惠文王、武王、昭襄王、孝文王、庄襄王。
（2）御：驾御，统治。
（3）履至尊：登帝位。
（4）振：通“震”，震惊。
（5）南：向南。
（6）下吏：交付司法官吏审讯。
（7）北：在北方，方位名词作状语。
（8）先王：本文指的是秦自孝公以来六代君王。先，已死去的长辈。
（9）隳名城：毁坏高大的城墙。
（10）销锋镝：销毁兵器。
（11）亿丈之城：指华山。不测之渊，指黄河。
（12）关中：秦以函谷关为门户，关中即指秦雍州地。
（13）金城：坚固的城池。金，比喻坚固。

【译文】

到秦始皇即位的时候，发扬了六代君王遗留下来的功业，以武力来征服各国，将东周，西周和各诸侯国统统消灭，登上皇帝的宝座来统治天下，用严酷的刑罚来奴役天下的百姓，威风震慑四海。秦始皇向南攻取百越的土地，把它划为桂林郡和象郡，百越的首领低着头，颈上捆着绳子，生死大权交由司法官吏。秦始皇于是又命令蒙恬在北方修筑长城，守卫边境，使匈奴退却七百多里；胡人不敢向下到南边来放牧，勇士不敢拉弓射箭来报仇。秦始皇接着就废除古代帝王的治世之道，焚烧诸子百家的著作，用这种方法愚化百姓；毁坏高大的城墙，杀掉英雄豪杰；收缴天下的兵器，集中在咸阳，销毁兵刃和箭头，冶炼它们铸造十二个铜人，以便削弱百姓的反抗力量。然后凭借华山为城墙，依据黄河为城池，凭借着高耸的华山，深不可测的黄河，认为这是固守的据点。良将手执强弩，守卫着要害的地方，可靠的官员和精锐的士卒，拿着锋利的兵器，盘问过往行人。天下已经安定，始皇心里自己认为这关中的险固地势、方圆千里的坚固的城防，是子子孙孙称帝称王直至万代的基业。

第八十课　过零丁洋

导语

此诗为文天祥的代表作之一。全诗通过自己从读书成名到救亡报国直至被俘所历艰的概括叙述，抒写了对“山河破碎”和“身世浮沉”的沉痛，表明自己坚强不屈的意志和为国捐躯的决心。

在这首诗中，诗人把个人的遭遇和宋王朝的命运紧密结合在一起，写自己的情怀、失败的境遇和南宋王朝无可挽回地趋于覆灭，是悲凉、沉痛的；而报国忠心至死不渝的情怀又是慷慨壮烈的。两者的有机统一就构成了全诗抒情言志的沉郁悲壮风格。

文天祥（1236—1283年），字履善，号文山。南宋末期吉州庐陵（今江西吉安县）人，民族英雄，抗元名将。南宋末年，元兵入侵，他招集义军坚决抵抗，后不幸被俘，元世祖以高官厚禄劝降，文天祥宁死不屈，最终被害。其作品中《过零丁洋》和《正气歌》最为人所认识和称道。

过零丁洋[1]

南宋·文天祥

辛苦遭逢起一经，干戈[2]寥落[3]四周星。
山河破碎风飘絮，身世[4]浮沉雨打萍。
惶恐滩头说惶恐，零丁洋里叹零丁。
人生自古谁无死，留取丹心[5]照汗青[6]。

【注释】

（1）零丁洋：即“伶仃洋”，现在广东省中山南的珠江口。
（2）干戈：两种兵器，这里代指战争。
（3）寥（liáo）落：荒凉冷落。
（4）身世：就是说人生经历。
（5）丹心：红心，比喻忠心。
（6）汗青：因竹片水蒸发如汗，故称书简为汗青。特指史册。

第八十一课　夏日绝句

导语

这是一首雄浑宏大的咏史诗，也是一首脍炙人口的言志诗。

“生当做人杰，死亦为鬼雄”，意为“人活在这世界上，就要做一个人中之杰，就要（对国家）有所贡献！即使是死（也要为国捐躯），也要成为鬼中之雄！”起调高亢，立意鲜明，爱国激情，溢于言表。在半壁江山已落入异族之手，统治者却不管百姓死活，只顾自己逃命之时，这两句豪言壮语却由一闺中弱质掷地有声地道来，令人称奇，令须眉惭愧，更令高居庙堂却尸位素餐者汗颜。

“至今思项羽，不肯过江东。”意为“我直到今天还在想，（楚汉争雄时兵败的）项羽，（宁愿自刎也）不肯过江，只因为他怕无颜面对江东父老！”女诗人借古讽今，直指宋朝当权者不思渡江迎战，“北定中原”，而是一路南逃，偏安一隅的时弊，正气凛然，掷地有声，令人肃然起敬！

全诗仅二十个字，连用了三个典故，但丝毫无堆砌之弊。如此慷慨沉雄、掷地有声的诗篇，竟出自婉约词派代表的李清照之手，实在是令人称奇；诗作处处透出的浩然正气、雄浑气魄即算是须眉，也实在无几人能及。

李清照（1084—1155年），号易安居士，宋代（南北宋之交）著名才女，擅长书画，通晓金石，尤精诗词，有“千古第一才女”之称。其词作独步一时，流传千古，被誉为“词家一大宗”。其前期词多写其悠闲生活，语言清丽，善用白描；后期词多悲叹身世，情调感伤。能诗，却留存不多。部分篇章感时咏史，情辞慷慨，与其词风不同。今留有《漱玉词》辑本及《李清照集校注》。

夏日绝句

宋・李清照

生当作人杰[1]，死亦为鬼雄[2]。
至今思项羽[3]，不肯过江东[4]。

【注释】

（1）人杰：人中杰出者。汉高祖曾称赞开国功臣张良、萧何、韩信是“人杰”。

（2）鬼雄：鬼中的英雄。语出屈原《国殇（shāng）》：“身既死兮神以灵，魂魄毅兮为鬼雄。”

（3）项羽：即楚霸王，秦亡后与刘邦争夺天下，最后失败。

（4）不肯过江东：《史记・项羽本纪》记：项羽垓（gāi）下兵败后，逃到乌江畔，乌江亭长想帮项羽渡江逃回江东，重整旗鼓，项羽说：“天要亡我，我为什么还要渡江逃跑呢？况且当初我与那么多江东子弟一起渡江向西攻打，但现在却无一人生还，纵然江东父老怜悯我，还愿意尊我为王，可我还有何面目见他们呀？就算他们不说，我难道不自愧于心吗？”说罢，回身苦战，杀死敌兵数百，拔剑自刎而亡。

第八十二课　茅屋为秋风所破歌

这首诗，通俗流畅，广为流传，茅屋为秋风所破，从白天、傍晚、夜里、直到第二天早晨，所见所感可写的东西很多，但诗人精心选择了风卷屋茅、顽童抱茅、倚杖叹息、孩儿蹬被、屋湿无干处等场面和细节，进行具体形象地描绘，使读者真切地感受到诗人当时所经受的生活上和精神上的痛苦，而这种痛苦正是唐王朝自安史之乱后，兵荒马乱、民不聊生的整个社会人民生活的缩影，此诗写的是自己的数间茅屋，表现的却是忧国忧民的情感。

此外这首诗的语言朴素、生动。不用典故，没有华丽的辞藻，读起来朗朗上口，极富有感染力，同时诗的形式自由，挥洒自如。全诗以七言为主，间有九言句式。无论是长句或是短句；无论是快是慢；无论是高昂激烈或是沉郁顿挫，都是随着诗人感情的波澜而变化起伏，摇曳多姿，充分地表达了诗歌的主旨。

茅屋为秋风所破歌

唐·杜甫

八月秋高风怒号，卷我屋上三重茅[1]。茅飞渡江洒江郊，高者挂罥[2]长林梢，下者飘转沉塘坳[3]。

南村群童欺我老无力，忍能对面为盗贼。公然抱茅入竹去，唇焦口燥呼不得，归来倚杖自叹息。

俄顷[4]风定云墨色，秋天漠漠向昏黑[5]。布衾[6]多年冷似铁，娇儿恶卧[7]踏里裂。床头屋漏无干处，雨脚如麻[8]未断绝。自经丧乱[9]少睡眠，长夜沾湿何由彻！

安得[10]广厦千万间，大庇[11]天下寒士[12]俱欢颜。风雨不动安如山！呜呼，何时眼前突兀[13]见[14]此屋，吾庐独破受冻死亦足！

【注释】

（1）三重茅：几层茅草。三，表示多。

（2）挂罥（juàn）：挂着，挂住，缠绕。罥，挂。

（3）沉塘坳（ào）：沉到池塘水中。塘坳，低洼积水的地方（即池塘）。坳，水边低地。

（4）俄顷（qǐng）：不久，一会儿，顷刻之间。

（5）秋天漠漠向昏黑（hè）：指秋季的天空浓云密布，一下子就昏暗下来了。漠漠，阴沉迷蒙的样子。向，渐近。

（6）布衾（qīn）：棉被。

（7）恶卧，睡相不好。

（8）雨脚如麻：形容雨点不间断，向下垂的麻线一样密集。雨脚：雨点。

（9）丧（sāng）乱：战乱，指安史之乱。

（10）安得：如何能得到。

（11）大庇（bì）：全部遮盖、掩护起来。庇，遮蔽、掩护。

（12）寒士："士"原本指士人，即文化人，但此处是泛指贫寒的士人们。

（13）突兀（wù）：高耸的样子，这里用来形容广厦。

（14）见（xiàn）：同"现"，出现。

【译文】

八月秋深，狂风怒号，风卷走了我屋顶上好几层茅草。茅草乱飞，渡过浣花溪，散落在对岸江边。飞得高的茅草缠绕在高高的树梢上，飞得低的飘飘洒洒沉落到低洼的水塘里。

南村的一群儿童欺负我年老没力气，居然忍心在我眼前做出盗窃的事来，毫无顾忌地抱着茅草跑进竹林去了。我喊得唇焦口燥也没有用，只好回来，拄着拐杖感叹自己的不幸和世态悲凉。

一会儿风停了，天空中乌云黑得像墨，深秋天色阴沉迷蒙，渐渐黑下来。布被子盖了多年，又冷又硬，像铁板似的，孩子睡相不好，胡蹬乱踢，把被子蹬破了。（因为）屋顶漏雨，床头都没有一点干的地方。像线条一样的雨点下个没完。自从战乱以来，睡眠的时间很少，长夜漫漫，屋漏床湿，怎能挨到天亮！

怎么才能得到千万间宽敞高大的房子，遮蔽天下贫寒的穷苦人（读书人），让他们个个都开颜欢笑！房子不为风雨所动摇，安稳得像山一样。唉！什么时候眼前出现这样高高的房屋，即使唯独我的茅屋被吹破，自己受冻而死也甘心！

第八十三课　雁门太守行

《雁门太守行》是唐代诗人李贺运用乐府古题创作的一首描写战争场面的诗歌。诗人的语言极力避免平淡而追求峭奇。为了追求奇，他在事物的色彩和情态上着力，用浓辞丽藻去表现紧张悲壮的战斗场面，构思新奇，形象丰富。李贺这首诗几乎句句都有鲜明的色彩，其中如金色、胭脂色和紫红色，非但鲜明，而且秾艳，它们和黑色、秋色、玉白色等等交织在一起，构成色彩斑斓的画面。诗人就象一个高明的画家，特别善于着色，以色示物，以色感人，不只勾勒轮廓而已。

这首诗，用秾艳斑驳的色彩描绘悲壮惨烈的战斗场面，可算是奇诡的了。而这种色彩斑斓的奇异画面却准确地表现了特定时间、特定地点的边塞风光和瞬息变幻的战争风云，又显得很妥帖。惟其奇诡，愈觉新颖；惟其妥贴，则倍感真切；奇诡而又妥帖，从而构成浑融蕴藉富有情思的意境。诗人热情地歌颂那些浴血奋战、以身殉国的将士，正表现了他对当时叛乱不定、国无宁日的社会现实的不满，以及他热切希望朝廷能重用贤才，平定海内的思想感情。

李贺（约公元791—约817年），字长吉，汉族，唐代河南福昌（今河南洛阳宜阳县）人，家居福昌昌谷，后世称李昌谷，是唐宗室郑王李亮后裔。有“诗鬼”之称，是与“诗圣”杜甫、“诗仙”李白、“诗佛”王维相齐名的唐代著名诗人。有《雁门太守行》、《李凭箜篌引》等名篇。著有《昌谷集》。

李贺是中唐的浪漫主义诗人，与李白、李商隐称为唐代三李。是中唐到晚唐诗风转变期的一个代表者。他所写的诗大多是慨叹生不逢时和内心苦闷，抒发对理想、抱负的追求；对当时藩镇割据、宦官专权和人民所受的残酷剥削都有所反映。

雁门太守行

李贺

黑云[1]压城城欲摧[2]，甲光[3]向日金鳞开。
角[4]声满天秋色里，塞上燕脂[5]凝夜紫。
半卷红旗临易水，霜重鼓寒[6]声不起[7]。
报君黄金台上意，提携玉龙[8]为君死。

【注释】

（1）黑云：厚厚的乌云。这里指攻城敌军的气势。

（2）摧：毁坏。这句形容敌军兵临城下的紧张气氛和危机形势。

（3）甲光：铠甲迎着太阳闪出的光。甲，指铠甲，战衣。

（4）角：古代军中一种吹奏乐器，多用兽角制成，也是古代军中的号角。

（5）燕脂：即胭脂，一种红色化妆品。这里指暮色中塞上泥土有胭脂凝成。据说长城附近多半是紫色泥土。

（6）霜重鼓寒：天寒霜降，战鼓声沉闷而不响亮。

（7）声不起：形容鼓声低沉；不高扬。

（8）玉龙：指一种珍贵的宝剑，这里代指剑。

第八十四课　破阵子·为陈同甫赋壮词以寄之

这是辛弃疾寄好友陈亮（陈同甫）的一首词，词中回顾了他当年在山东和耿京一起领导义军抗击金兵的情形，描绘了义军雄壮的军容和英勇战斗的场面，也表现了作者不能实现收复中原的理想的悲愤心情。

从全词看，壮烈和悲凉、理想和现实，形成了强烈的对照。作者只能在醉里挑灯看剑，在梦中驰骋杀敌，在醒时发出悲叹。这是个人的悲剧，更是民族的悲剧。而作者的一腔忠愤，无论在醒时还是在醉里、梦中都不能忘怀，是他高昂而深沉的爱国之情、献身之志的生动体现。

这首词气势磅礴，充满了鼓舞人心的壮志豪情，能够代表作者的豪放风格，抒发了作者想要杀敌报国，建功立业却已年老体迈的壮志未酬的思想感情。

破阵子·为陈同甫赋壮词以寄之

辛弃疾

醉里挑灯看剑，梦回吹角连营。八百里分麾[1]下炙[2]，五十弦[3]翻塞外声。沙场秋点兵。

马作的卢飞快[4]，弓如霹雳[5]弦惊。了却[6]君王天下事[7]，赢得生前身后名。可怜白发生！

【注释】

（1）麾：军旗。麾下：指部下。

（2）炙：烤肉。

（3）五十弦：本指瑟，泛指乐器。翻：演奏。塞外声：以边塞作为题材的雄壮悲凉的军歌。

（4）马作的卢（dí lú）飞快：战马像的卢马那样跑得飞快；作，像……一样；的卢，马名。一种额部有白色斑点性烈的快马。相传刘备曾乘的卢马从襄阳城西的檀溪水中一跃三丈，脱离险境。

（5）霹雳（pī lì）：特别响的雷声，比喻拉弓时弓弦响如惊雷。

（6）了（liǎo）却：了结，完成。

（7）天下事：此指恢复中原之事。

第八十五课　滕王阁序

导语

《滕王阁序》是唐人王勃用骈文写的佳作。此文内容丰富，情真意切；对仗工整，声律和谐；手法多变，格调迥异；骈散结合，语言华美。千百年来，一直被世人广为传颂。

本文节选展示的是一幅流光溢彩的滕王阁秋景图，近观远眺，都是浓墨重彩，写出了滕王阁壮美而又秀丽的景色，紧扣题目“秋日”“登滕王阁”六字来写，文章不惜笔墨，浓墨重彩，极写景物的色彩变化。如 “飞阁流丹”中的“流丹”，“层峦耸翠”中的“耸翠”，“青雀黄龙之轴”中的“青雀”“黄龙”无不色彩缤纷，摇曳生辉。写景颇具匠心，字字珠玑，句句生辉，章章华彩，一气呵成，使人读完后犹如身临江南水乡。难怪韩愈情不自禁地称赞说：“江南多临观之类，而滕王阁独为第一。”

《滕王阁序》作为一篇赠序文，借登高之会感怀时事，慨叹身世，是富于时代精神和个人特点的真情流露。

王勃（649 或 650—676 或 675 年），唐代诗人。汉族，字子安。绛州龙门（今山西河津）人。王勃与杨炯、卢照邻、骆宾王齐名，世称“初唐四杰”，其中王勃是“初唐四杰”之首。

滕王阁序[1]（节选）

王勃

时维九月，序属三秋[2]。潦水尽而寒潭清，烟光凝而暮山紫。俨骖騑[3]于上路[4]，访风景于崇阿。临帝子[5]之长洲，得仙人之旧馆[6]。层峦耸翠，上出重霄；飞阁流丹[7]，下临无地。鹤汀凫渚[8]，穷岛屿之萦回；桂殿兰宫，即冈峦之体势[9]。

披绣闼[10]，俯雕甍[11]，山原旷其盈视，川泽纡[12]其骇瞩[13]。闾阎[14]扑地，钟鸣鼎食[15]之家；舸舰迷津，青雀黄龙之舳[16]。云销[17]雨霁，彩彻区明。落霞与孤鹜齐飞，秋水共长天一色。渔舟唱晚，响穷[18]彭蠡[19]之滨，雁阵惊寒，声断衡阳之浦[20]。

【注释】

（1）序：时序（春夏秋冬）。

（2）三秋：古人称七、八、九月为孟秋、仲秋、季秋，三秋即季秋。

（3）骖騑：驾车的马匹。

（4）上路：高高的道路。

（5）帝子、天人：都指滕王李元婴。

（6）旧馆：指滕王阁
（7）飞阁流丹：飞檐涂饰红漆。
（8）鹤汀凫（fú）渚：鹤所栖息的水边平地，野鸭聚处的小洲。
（9）即冈峦之体势：依着山岗的形式（而高低起伏）。
（10）绣闼（tà）：绘饰华美的门。
（11）雕甍（méng）：雕饰华美的屋脊。
（12）纡：迂回曲折。
（13）骇瞩：对所见的景物感到惊骇。
（14）闾阎：里门，这里代指房屋。
（15）钟鸣鼎食：古代贵族鸣钟列鼎而食，所以用钟鸣鼎食指代名门望族。
（16）舳：船尾把舵处，这里代指船只。
（17）销："销"通"消"，消散。
（18）穷：穷尽，引申为"直到"。
（19）彭蠡（lǐ）：古代大泽，即今鄱阳湖。
（20）浦：水边、岸边。

【译文】

时当九月，秋高气爽。积水消尽，潭水清澈，天空凝结着淡淡的云烟，暮霭中山峦呈现一片紫色。在高高的山路上驾着马车，在崇山峻岭中访求风景。来到昔日帝子的长洲，找到仙人居住过的宫殿。这里山峦重叠，青翠的山峰耸入云霄。凌空的楼阁，红色的阁道犹如飞翔在天空，从阁上看不到地面。白鹤，野鸭停息的小洲，极尽岛屿的纡曲回环之势，雅浩的宫殿，跟起伏的山峦配合有致。

打开雕花精美的阁门，俯视彩饰的屋脊，山峰平原尽收眼底，湖川曲折令人惊讶。遍地是里巷宅舍，许多钟鸣鼎食的富贵人家。舸舰塞满了渡口，尽是雕上了青雀黄龙花纹的大船。正值雨过天晴，虹消云散，阳光朗煦，落霞与孤雁一起飞翔，秋水和长天连成一片。傍晚渔舟中传出的歌声，响彻彭蠡湖滨，雁群感到寒意而发出的惊叫，鸣声到衡阳之浦为止。

第八十六课 满 江 红

这是首千古传诵的爱国名篇。可以说，在我国古代诗歌中，没有一首像本词那样有这么深远的社会影响，也从来没有像本词那样具有激奋人心，鼓舞人们杀敌上战场的力量。

上片抒发作者为国立功满腔忠义奋发的豪气。以愤怒填膺的肖像描写起笔，开篇奇突。凭栏眺望，指顾山河，胸怀全局，正英雄本色。“长啸”，状感慨激愤，情绪已升温至高潮。

下片抒写了作者重整山河的决心和报效君王的耿耿忠心。下片开头四个短句，三字一顿，一锤一声，裂石崩云，这种以天下为己任的崇高胸怀，令人扼腕。

最后两句语调陡转平和，表达了作者报效朝廷的一片赤诚之心。肝胆沥沥，感人至深。全词如江河直泻，曲折回荡，激发处铿然作金石声。

岳飞（1103—1142 年），字鹏举，宋相州汤阴县（今河南汤阴县）人，抗金名将，中国历史上著名军事家、战略家，书法家，民族英雄，位列南宋中兴四将之首。

在宋金议和过程中，岳飞遭受秦桧、张俊等人的诬陷，被捕入狱。1142 年 1 月，岳飞以“莫须有”的“谋反”罪名，与长子岳云和部将张宪同被杀害。

岳飞的文学才华也是将帅中少有的。他的词作《满江红》。是千古传诵的爱国名篇，后人另辑有文集传世。

满江红

岳飞

怒发冲冠(1)，凭栏处、潇潇(2)雨歇。抬望眼、仰天长啸(3)，壮怀激烈。三十功名尘与土(4)，八千里路云和月(5)。莫等闲(6)、白了少年头，空悲切。

靖康耻(7)，犹未雪。臣子恨，何时灭。驾长车踏破，贺兰山(8)缺。壮志饥餐胡虏肉，笑谈渴饮匈奴血。待从头、收拾旧山河，朝天阙(9)。

【注释】

（1）怒发冲冠：气得头发竖起，以至于将帽子顶起。形容愤怒至极，冠是指帽子而不是头发竖起。

（2）潇潇：形容雨势急骤。

（3）长啸：感情激动时撮口发出清而长的声音，为古人的一种抒情举动。

（4）三十功名尘与土：年已三十，建立了一些功名，不过很微不足道。

（5）八千里路云和月：形容南征北战、路途遥远、披星戴月。

（6）等闲：轻易，随便。

（7）靖康耻：宋钦宗靖康二年（1127 年），金兵攻陷汴京，虏走徽、钦二帝。

（8）贺兰山：贺兰山脉位于宁夏回族自治区与内蒙古自治区交界处。

（9）朝天阙：朝见皇帝。天阙：本指宫殿前的楼观，此指皇帝生活的地方。

第八十七课 念奴娇·赤壁怀古

《念奴娇》词分上下两阙。上阙咏赤壁，下阙怀周瑜，并怀古伤己，以自身感慨作结。作者吊古伤怀，想古代豪杰，借古传颂之英雄业绩，思自己历遭之挫折。不能建功立业，壮志难酬，词作抒发了他内心忧愤的情怀。

上阙咏赤壁，着重写景，为描写人物作烘托。前三句不仅写出了大江的气势，而且把千古英雄人物都概括进来，表达了对英雄的向往之情。假借“人道是”以引出所咏的人物。“乱”“穿”“惊”“拍”“卷”等词语的运用，精妙独到地勾画了古战场的险要形势，写出了它的雄奇壮丽景象，从而为下片所追怀的赤壁大战中的英雄人物渲染了环境气氛。

下阙着重写人，借对周瑜的仰慕，抒发自己功业无成的感慨。写“小乔”在于烘托周瑜才华横溢、意气风发，突出人物的风姿，中间描写周瑜的战功意在反衬自己的年老无为。“多情”后几句虽表达了伤感之情，但这种感情其实正是词人不甘沉沦，积极进取，奋发向上的表现，仍不失英雄豪迈本色。

念奴娇[1]·赤壁怀古

苏轼

大江[2]东去，浪淘尽，千古风流人物[3]。
故垒西边，人道是，三国周郎[4]赤壁。
乱石穿空，惊涛拍岸，卷起千堆雪[5]。
江山如画，一时多少豪杰。
遥想公瑾当年，小乔初嫁了[6]，雄姿英发。
羽扇纶巾[7]，谈笑间，樯橹[8]灰飞烟灭。
故国神游[9]，多情应笑我，早生华发。
人生如梦，一尊还酹江月[10]。

【注释】

（1）念奴娇：词牌名。又名“百字令”“酹江月”等。

（2）大江：指长江。

（3）风流人物：指杰出的历史名人。

（4）周郎：指三国时吴国名将周瑜，字公瑾，少年得志，二十四为中郎将，掌管东吴重兵，吴中皆呼为“周郎”。下文中的“公瑾”，即指周瑜。

（5）雪：比喻浪花。

（6）小乔初嫁了（liǎo）：《三国志·吴志·周瑜传》载，周瑜从孙策攻皖，“得桥公两女，皆国色也。策自纳大桥，瑜纳小桥”乔，本作“桥”。其时距赤壁之战已经十年，此处言“初嫁”，是言其少年得意，倜傥风流。

（7）羽扇纶（guān）巾：古代儒将的便装打扮。羽扇，羽毛制成的扇子。纶巾，青丝制成的头巾。

（8）樯橹（qiánglǔ）：这里代指曹操的水军战船。樯，挂帆的桅杆。橹，一种摇船的桨。

（9）故国神游：“神游故国”的倒文。故国：这里指旧地，当年的赤壁战场。神游：于想象、梦境中游历。

（10）一尊还（huán）酹（lèi）江月：古人祭奠以酒浇在地上祭奠。这里指洒酒酬月，寄托自己的感情。尊：通“樽”，酒杯。

第八十八课　红　烛

《红烛》这首诗是与诗集同名的诗篇，就是诗集《红烛》的序诗。这首诗中，红烛就是诗人，诗人就是红烛。“红烛啊！‘莫问收获，但问耕耘。’”既是对红烛精神的提炼，也是诗人对自己的勉励：不惜牺牲，无私奉献。诗的每一节都以“红烛啊”的呼唤开头，形成浓郁的抒情氛围，继之以自问、自悟、自励、自答、自勉，一步步展示执著追求的心迹，有很强的感染力。

全诗以诗人对“红烛”的心迹交流为线索，用问答的形式展开诗意，抒发感情，凸现了诗人献身祖国、敢于自我牺牲的爱国精神。

红　烛

闻一多

“蜡炬成灰泪始干”
——李商隐

红烛啊！
这样红的烛！
诗人啊，
吐出你的心来比比，
可是一般颜色？

红烛啊！
是谁制的蜡——给你躯体？
是谁点的火——点着灵魂？
为何更须烧蜡成灰，
然后才放光出？
一误再误；
矛盾！冲突！
红烛啊！
不误，不误！
原是要“烧”出你的光来——
这正是自然的方法。
红烛啊！
既制了，便烧着！
烧罢！烧罢！
烧破世人的梦
烧沸世人的血——
也救出他们的灵魂，
也捣破他们的监狱！

红烛啊！
你心火发光之期，
正是泪流开始之日。

红烛啊！
匠人造了你，
原是为烧的。
既已烧着，
又何苦伤心流泪？
哦！我知道了！
是残风来侵你的光芒，
你烧得不稳时，
才着急得流泪！

红烛啊！
流罢！你怎能不流呢？
请将你的脂膏，
不息地流向人间，
培出慰藉的花儿，
结成快乐的果子！

红烛啊！
你流一滴泪，灰一分心。
灰心流泪你的果，
创造光明你的因。

红烛啊！
“莫问收获，但问耕耘。”

第八十九课　沁园春·雪

毛泽东诗词是中国革命的史诗，是中华诗词海洋中的一朵奇葩。《沁园春·雪》更被南社盟主柳亚子盛赞为千古绝唱。这首词一直是众人的最爱，每次读来都仿佛又回到了那个战火纷飞的年代，又看到了那个指点江山的伟人，不由地沉醉于那种豪放的风格、磅礴的气势、深远的意境、广阔的胸怀。

这首词因雪而得、以雪冠名，却并非为雪所作，而是在借雪言志。它隐藏了太多的秘密，包纳着无尽的玄机。其中的每一句都意有所指，是诗人所思所想的真实流露，是诗人对许多重大问题给出的回答。其情感之真挚、寓意之深远、哲理之精辟，令人拍案叫绝。《沁园春·雪》突出体现了毛泽东词风的雄健、大气。作为领袖毛泽东的博大的胸襟和抱负，与广阔雄奇的北国雪景发生同构，作者目接“千里”“万里”，“欲与天公试比高”；视通几千年，指点江山主沉浮。充分展示了雄阔豪放、气势磅礴的风格。另外，此词鲜活生动，凝练通俗，易诵易唱易记。

沁园春·雪

毛泽东

北国[1]风光，千里冰封，万里雪飘。
望长城内外，惟余莽莽；大河上下，顿失滔滔。
山舞银蛇，原驰蜡象，欲与天公试比高。
须晴日，看红装素裹，分外妖娆。
江山如此多娇，引无数英雄竞折腰。
惜秦皇汉武，略输文采；唐宗宋祖，稍逊风骚。
一代天骄，成吉思汗，只识弯弓射大雕。
俱往矣，数风流人物，还看今朝。

【注释】

（1）北国：该词源于中国古代的分裂时期，如宋称辽、金为北国，东晋称十六国等为北国，南北朝时代南方的各朝代称在北方与之对抗的各朝代为北国等。诗中的“北国”使人在不觉中产生出一种我国疆土广大的民族自豪感。

第九十课　七律·长征

万里长征是人类历史上空前的伟大壮举，《七律·长征》是诗歌创作史上不朽的杰作。这首诗形象地概括了红军长征的战斗历程，热情洋溢地赞扬了中国工农红军不畏艰险，英勇顽强的革命英雄主义和革

命乐观主义精神。

作者在这首诗中把巍峨雄伟、绵延不绝的大山写得微不足道。如连绵起伏的五岭，不过像轻轻翻腾的微波细浪；气势磅礴的乌蒙山，犹如小小的泥丸在移动。诗人通过写山水来反映伟大的万里长征这一重大历史事件，塑造红军战士摧坚历险、藐视困难的大无畏精神。56个字，负载着长征路上的千种艰难险阻，饱含着中国共产党的万般豪情壮志。它是中国革命的壮烈史诗，也是中国诗歌宝库中的灿烂明珠。无论对革命史而言，亦或对诗歌史而论，它都是里程碑之作。

全诗首尾照应，在结构上十分完美。在开篇就定下了全诗的基调："红军不怕远征难，万水千山只等闲。"全诗高度概括，为我们展示了五幅"征难图"：腾越五岭，疾跨乌蒙，巧渡金沙江，飞夺泸定桥，喜踏岷山雪。它是诗人那巨人般的眼光、伟大的襟怀、奇特的想像，以及英雄的胆略和气魄的自然流露。

七律（1）·长征

毛泽东

红军不怕远征难，万水千山只等闲。
五岭（2）逶迤（3）腾细浪（4），乌蒙（5）磅礴走泥丸。
金沙（6）水拍云崖暖，大渡桥横铁索寒（7）。
更喜岷山千里雪，三军（8）过后尽开颜。

【注释】

（1）七律：七律是律诗的一种。

（2）五岭：大庾岭，骑田岭，都庞岭，萌渚岭，越城岭，横亘在江西、湖南、两广之间。

（3）逶迤：形容道路、山脉、河流等弯弯曲曲，连绵不断的样子。

（4）细浪：作者自释："把山比作'细浪'、'泥丸'，是'等闲'之意。"

（5）乌蒙：山名。乌蒙山，在贵州西部与云南东北部的交界处，北临金沙江，山势陡峭。

（6）金沙：金沙江，指长江上游自青海省玉树县至四川省宜宾市的一段，云南等地也有支流。1935年5月，红军曾强渡云南省禄劝县皎平渡渡口。

（7）寒：影射敌人的冷酷与形势的严峻。

（8）三军：红军一方面军，二方面军，四方面军。

第九十一课 梅岭三章

《梅岭三章》是陈毅同志被困梅山，自料难免牺牲的情况下写成的一组带有绝笔性质的诗篇。诗人以其崇高的革命情操，临危而斗志弥坚的豪迈胸怀，谱写成这一不朽的壮烈诗篇。三章比秋月，一字偕华星。它犹如挂在夜空中的皎洁明亮的秋月。它的一字一句犹如黑夜灿烂的明星，将永远激励人们为了壮丽的共产主义奋勇前进。

第一章着重表现作者对革命事业生死不渝的坚贞气节，充分显示出陈毅勇于面对死亡的英雄无畏气概。

第二章着重写对后死诸君的期待，勉励生者为人民解放的未竟事业继续奋斗下去。

第三章进一步正面抒发自己对革命事业的必胜信念和甘愿为之献身的人生理想。

陈毅（1901—1972 年），男，名世俊，字仲弘，四川乐至人，中国共产党员。久经考验的无产阶级革命家、政治家、军事家、外交家、诗人；中国人民解放军的创建者和领导者之一、新四军老战士，中华人民共和国元帅（十大元帅之一），党和国家的卓越领导人，中共中央军委副主席，第一至三届国防委员会副主席，全国政协第三、四届副主席。中共第七、九届中央委员、第八届中央政治局委员。

文革期间，与四人帮斗争，被诬陷为“二月逆流”。1968 年，下放石家庄。1972 年去世。

梅岭三章

陈毅

一九三六年冬，梅山被困。余伤病伏丛莽间二十余日，虑不得脱，得诗三首留衣底。旋围解。

（一）

断头今日意如何？
创业艰难百战多。
此去泉台招旧部，
旌旗十万斩阎罗。

（二）

南国烽烟正十年，
此头须向国门悬。
后死诸君多努力，
捷报飞来当纸钱。

（三）

投身革命即为家，
血雨腥风应有涯。
取义成仁今日事，
人间遍种自由花。

第九十二课　新秋之歌

自古以来，有许多诗人把秋当作一种悲伤的象征，虽然这首诗也是在写秋，但带给人的是一种美好，很积极的感觉。“澄蓝的天”“浸透着阳光的海”就如同我们现在的时光一样，没有太多烦恼，没有太多的杂质。“年轻的一代需要飞翔，把一切时光变成现在。”现在的我们是成长的时候，是即将要飞翔的时候，我们充满了无限的力量，因此要珍惜现在这段时光。“我仿佛听见原野的风，吹起了一支新的乐章。红色的果实已经发亮，是的，风将要变成翅膀。让一根芦苇也有力量，啊，世界变了多少模样！”这段表达了林庚先生对年轻人的鼓励，渴望看到一批又一批人才的崛起。很容易看出来，“红色的果实已经发亮，是的，风将要变成翅膀。”代表着年轻人已经变得成熟起来，可以发挥自己的特长，可以在自己的天空翱翔。“啊，世界变了多少模样。”这句话语气比较强烈，表达了在这些人的努力下，世界会变得更加美好。

梦想就像是织成的一张网，既耀眼又多彩，萌发在我们幼年的某一时刻，一直陪伴着我们长大。而生活是一个大的海洋，即使我们只是一滴露水，但我们也会有我们的用处，也会绽放我们的光彩。这并不能阻止我们停下追寻梦想的脚步。

林庚（1910—2006 年），字静希，原籍福建闽侯（今福州市）。林志钧之子。诗人，现代诗人、古代文学学者、文学史家。中国作家协会会员。北京大学中文系教授，中国古代文学专业博士生导师。著有《春野与窗》、《问路集》、《空间的驰想》等六部诗集及《中国文学史》、《诗人屈原及其作品研究》、《天问论笺》、《诗人李白》、《唐诗综论》、《新诗格律与语言的诗化》等十一部文集。

新秋之歌

林庚

我多么爱那澄蓝的天，
那是浸透着阳光的海。
年轻的一代需要飞翔，
把一切时光变成现在。

我仿佛听见原野的风，
吹起了一支新的乐章。
红色的果实已经发亮，
是的，风将要变成翅膀。
让一根芦苇也有力量，
啊，世界变了多少模样！

金色的网织成太阳，
银色的网织成月亮。
谁织成那蓝色的天，
落在我那幼年心上。

谁织成那蓝色的网，
从摇篮就与人作伴。
让生活的大海洋上，
一滴露水也来歌唱。

第九十三课　可爱的中国

《可爱的中国》是方志敏的著名散文。1935 年写于狱中。作者以亲身经历概括了中国从“五四”运动到第二次国内革命战争以来的悲惨历史，愤怒地控诉了帝国主义肆意欺侮中国人民的种种罪行。本篇节选展示了中国革命的光明前景，描绘出祖国未来的美好幸福的景象，表现了强烈的民族自信。

作者当时描述的中国国弊民穷，侵略者欺侮中国，外忧内患，并且部分同胞麻木不仁，没有救国救民的意识和责任，作者之所以用母亲来形容祖国，说明他对祖国深深的热爱和期望，期望祖国早日强大和富强，表达了作者对敌人的憎恨与鞭挞以及对中国美好未来的坚定信念！

《可爱的中国》中没有矫揉造作的豪言壮语，处处是作者情感的自然流露，处处是晓之以理、动之以情。他决心要用这篇文章唤醒中国亿万同胞那爱国之情，教育那千千万万的青少年起来投入到拯救中国、振兴祖国的队伍中来。文中那感人的语言，哪人读了能不为之心动，哪人读了热血能不为之沸腾！

方志敏（1899—1935 年），原名远镇，乳名正鹄，号慧生。江西上饶市弋阳漆工镇湖塘村人，中国共产党革命家、政治家、军事家、杰出的农民运动领袖，土地革命战争时期闽浙（皖）赣革命根据地和红十军团的缔造者。

他把马克思主义与赣东北实际相结合，创造了一整套建党、建军和建立红色政权的经验，毛泽东称之为“方志敏式”根据地。1935 年被捕牺牲。2009 年 9 月，方志敏被中央宣传部、中央组织部等 11 个部门评选为“100 位为新中国成立作出突出贡献的英雄模范人物”。

可爱的中国（节选）

方志敏

不错，目前的中国，固然是江山破碎，国弊民穷，但谁能断言，中国没有一个光明的前途呢？不，决不会的，我们相信，中国一定有个可赞美的光明前途。中国民族在很早以前，就造起了一座万里长城和开凿了几千里的运河，这就证明中国民族伟大无比的创造力？中国在战斗之中一旦斩去了帝国主义的锁链，肃清自己阵线内的汉奸卖国贼，得到了自由与解放，这种创造力，将会无限的发挥出来。到那时，中国的面貌将会被我们改造一新。所有贫穷和灾荒，混乱和仇杀，饥饿和寒冷，疾病和瘟疫，迷信和愚昧，以及那慢性的杀灭中国民族的鸦片毒物，这些等等都是帝国主义带给我们可憎的赠品，将来也要随着帝国主义的赶走而离去中国了。朋友，我相信，到那时，到处都是活跃的创造，到处都是日新月异的进步，欢歌将代替了悲叹，笑脸将代替了哭脸，富裕将代替了贫穷，康健将代替了疾病，智慧将代替了愚昧，友爱将代替了仇恨，生之快乐将代替了死之忧伤，明媚的花园将代替了暗淡的荒地！这时，我们民族就可以无愧色的立在人类的面前，而生育我们的母亲，也会最美丽地装饰起来，与世界上各位母亲平等的携手了。

这么光荣的一天，决不在辽远的将来，而在很近的将来，我们可以这样相信的，朋友！

朋友，我的话说得太噜嗦厌听了吧！好，我只说下面几句了。我老实的告诉你们，我爱护中国之热诚，还是如小学生时代一样的真诚无伪；我要打倒帝国主义为中国民族解放之心还是火一般的炽烈。不过，现 在我是一个待决之囚呀！我没有机会为中国民族尽力了，我今日写这封信，是我为民族热情所感，用文字来作一次为垂危的中国的呼喊，虽然我的呼喊，声音十分微弱，有如一只将死之鸟的哀鸣。

啊！我虽然不能实际的为中国奋斗，为中国民族奋斗，但我的心总是日夜祷祝着中国民族在帝国主义羁绊之下解放出来之早日成功！假如我还能生存，那我生存一天就要为中国呼喊一天；假如我不能生存——死了，我流血的地方，或者我瘗骨的地方，或许会长出一朵可爱的花来，这朵花你们就看作是我的精诚的寄托吧！在微风的吹拂中，如果那朵花是上下点头，那就可视为我对于为中国民族解放奋斗的爱国志士们在致以热诚的敬礼；如果那朵花是左右摇摆，那就可视为我在提劲儿唱着革命之歌，鼓励战士们前进啦！

亲爱的朋友们，不要悲观，不要畏馁，要奋斗！要持久的艰苦的奋斗！把各人所有的智慧才能，都提供于民族的拯救吧！无论如何，我们决不能让伟大的可爱的中国，灭亡于帝国主义的肮脏的手里！

你们挚诚的祥松

五月二日写于囚室

囚人祥松将上信写好了，又从头到尾仔细修改了一次，自以为没有什么大毛病了，将它折好，套入一个大信封里。

信封上写着：“寄送不知其名的朋友们均启”。这封信，他知道是无法寄递的，他扯开书桌的抽屉，将信放在里面。然后拖起那双戴了铁镣的脚，钉铛钉铛走到他的铁床边就倒下去睡了。

他往日的睡，总是做着许多恶梦，今晚他或者能安睡一夜吧！我们盼望他能够安睡，不做一点梦，或者只做个甜蜜的梦。

第九十四课　周总理，你在哪里

《周总理，你在哪里》是一首现代抒情诗，是当代女作家柯岩为纪念周总理逝世一周年而创作的。诗人从高度评价周总理光辉的革命一生入笔，以“呼唤”为线索，展开一幅幅动人的画面，用热切的呼唤和山谷、大地、松涛、海浪、广场的回音，来抒发对周总理的无限怀念与崇敬，创造了一种“询问—呼唤—寻找—回答”的新颖形式，把怀念周总理和追述周总理一生不朽的业绩巧妙结合起来。虚实结合的写法造成一种壮阔而动人的意境，歌颂了周总理的丰功伟绩，表达了诗人强烈的思念和缅怀情感。

柯岩（1929—2011 年），原名冯恺，女，满族，出生于河南郑州，当代著名作家，女诗人，是现代著名诗人、剧作家贺敬之的妻子。1949 年开始专业创作，已出书 50 多部。她是中共十二大代表，全国人大第八、九届代表，中国作家协会第六、七、八届全国委员会名誉委员。

周总理，你在哪里

柯岩

周总理，我们的好总理，
你在哪里呵，你在哪里？
你可知道，我们想念你，
——你的人民想念你！
我们对着高山喊：
周总理——
山谷回音：
“他刚离去，他刚离去，
革命征途千万里，
他大步前进不停息。”
我们对着大地喊：
周总理——
大地轰鸣：
“他刚离去，他刚离去，
你不见那沉甸甸的谷穗上，
还闪着他辛勤的汗滴……”
我们对着森林喊：
周总理——
松涛阵阵：
“他刚离去，他刚离去，
宿营地上篝火红呵，
伐木工人正在回忆他亲切的笑语。”
我们对着大海喊：
周总理——
海浪声声：
“他刚离去，他刚离去，
你不见海防战士身上，
他亲手给披的大衣……”
我们找遍整个世界，
呵，总理，
你在革命需要的每一个地方，

辽阔大地
到处是你深深的足迹。
我们回到祖国的心脏，
我们在天安门前深情地呼唤：
周—总—理—
广场回答：
“呵，轻些呵，轻些，
他正在中南海接见外宾，
他正在政治局出席会议……”
总理呵，我们的好总理！
你就在这里呵，就在这里。
——在这里，在这里，
在这里……
你永远和我们在一起
——在一起，在一起，
在一起……
你永远居住在太阳升起的地方，
你永远居住在人民心里。
你的人民世世代代想念你！
想念你呵，想念你，
想念你……

第九十五课　我有一个梦想

《我有一个梦想》是马丁 · 路德 · 金于 1963 年 8 月 28 日在华盛顿林肯纪念堂发表的著名演讲，内容主要关于黑人民族平等，对美国甚至世界影响很大。本部分节选是全文的高潮。作者连用六个“我梦想有一天”，以诗一样的语言和酣畅淋漓的排比句，正面表达了对自由和平等的渴望，抒发了他作为一个黑人内心最热烈的梦想。他呼吁种族平等、人格尊严和兄弟般的情谊能早日到来！他呼吁自由与平等在美国的各个角落都能得到实现！这几段文字情感充沛，文采斐然，犹如江河直下，一泻千里，不可阻挡，具有极强的感染力。

文中还大量运用比喻、排比、反复等修辞手法，它们纷沓而至，接踵而来，使作者的思想表达得更充分，更鲜明，更有排山倒海的气势和一泻千里的激情，增强了小说诗歌文学作品的感染力和表达效果。字里行间流露着作者不卑不亢的斗争精神，不愧为演讲辞中的经典之作。

马丁·路德·金（1929—1968 年），著名的美国民权运动领袖。1963 年，马丁·路德·金觐见了林登·贝恩斯·约翰逊总统，要求通过新的民权法，给黑人以平等的权利。1963 年 8 月 28 日，其在林肯纪念堂前，发表了《我有一个梦想》的演说。1964 年获得诺贝尔和平奖。1968 年 4 月，马丁·路德·金前往孟菲斯市，领导工人罢工后，被人刺杀，年仅 39 岁。

马丁·路德·金被美国的权威期刊《大西洋月刊》评为影响美国的 100 位人物第 8 名。

我有一个梦想

马丁·路德·金

我梦想有一天，这个国家会站立起来，真正实现其信条的真谛："我们认为真理是不言而喻，人人生而平等。"

我梦想有一天，在佐治亚的红山上，昔日奴隶的儿子将能够和昔日奴隶主的儿子坐在一起，共叙兄弟情谊。

我梦想有一天，甚至连密西西比州这个正义匿迹，压迫成风，如同沙漠般的地方，也将变成自由和正义的绿洲。

我梦想有一天，我的四个孩子将在一个不是以他们的肤色，而是以他们的品格优劣来评价他们的国度里生活。

今天，我有一个梦想。我梦想有一天，亚拉巴马州能够有所转变，尽管该州州长现在仍然满口异议，反对联邦法令。但有朝一日，那里的黑人男孩和女孩将能与白人男孩和女孩情同骨肉，携手并进。

今天，我有一个梦想。

我梦想有一天，幽谷上升，高山下降；坎坷曲折之路成坦途，圣光披露，满照人间。

这就是我们的希望。我怀着这种信念回到南方。有了这个信念，我们将能从绝望之岭劈出一块希望之石。有了这个信念，我们将能把这个国家刺耳的争吵声，改变成为一支洋溢手足之情的优美交响曲。

有了这个信念，我们将能一起工作，一起祈祷，一起斗争，一起坐牢，一起维护自由；因为我们知道，终有一天，我们是会自由的。

在自由到来的那一天，上帝的所有儿女们将以新的含义高唱这支歌："我的祖国，美丽的自由之乡，我为您歌唱。您是父辈逝去的地方，您是最初移民的骄傲，让自由之声响彻每个山岗。"

如果美国要成为一个伟大的国家，这个梦想必须实现！

让自由之声从新罕布什尔州的巍峨的崇山峻岭响起来！

让自由之声从纽约州的崇山峻岭响起来！

让自由之声从宾夕法尼亚州的阿勒格尼山响起来！

让自由之声从科罗拉多州冰雪覆盖的落基山响起来！

让自由之声从加利福尼亚州蜿蜒的群峰响起来！

不仅如此，还要让自由之声从佐治亚州的石岭响起来！

让自由之声从田纳西州的瞭望山响起来！

让自由之声从密西西比的每一座丘陵响起来！

让自由之声从每一片山坡响起来！

当我们让自由之声响起，让自由之声从每一个大小村庄、每一个州和每一个城市响起来时，我们将能够加速这一天的到来，那时，上帝的所有儿女，黑人和白人，犹太教徒和非犹太教徒，耶稣教徒和天主教徒，都将手携手，合唱一首古老的黑人灵歌：

"自由啦！自由啦！感谢全能上帝，我们终于自由啦！"

第九十六课　海　燕

《海燕》是高尔基 1901 年 3 月写的一篇带有象征意义的短篇小说《春天的旋律》的末尾一章。《海燕》运用象征的手法，号召人民进行革命斗争和迎接革命暴风雨的来临。整首诗以宏伟壮丽的大自然作背景，极力渲染恶浪腾空、雷电交加、狂风怒吼、波澜壮阔的紧张的气氛，状写出油画般浓烈、鲜明的色彩，塑造出一个"高傲的、黑色的暴风雨精灵"般的艺术形象，蕴蓄着激越的情绪和讽刺的笔调，给人以强烈的震撼，体现了高尔基早期作品中革命浪漫主义的典型特征。

这是一篇散文诗，它融合了散文的描写性和诗歌的表现性的特点。刻画了勇敢的精灵——海燕的战斗英姿，深刻反映了 1901 年俄国革命前急剧发展的革命形势，歌颂了俄国无产阶级革命先驱者不朽的形象和坚强无畏的战斗精神，号召广大劳动人民积极行动起来，迎接伟大的革命斗争。

全诗语言生动优美而充满激情，使人振奋，尤其是结尾“让暴风雨来得更猛烈些吧”，既是对革命风暴的期盼、呼唤，又是对广大人民的战斗召唤。

高尔基（1868—1936 年），社会主义、现实主义文学奠基人，政治活动家，苏联文学的创始人之一。主要著名作品与小说有：《母亲》《童年》《在人间》《我的大学》；散文：《海燕》。

海　燕

高尔基

在苍茫的大海上，狂风卷集着乌云。在乌云和大海之间，海燕像黑色的闪电，在高傲地飞翔。

一会儿翅膀碰着波浪，一会儿箭一般地直冲向乌云，它叫喊着，——就在这鸟儿勇敢的叫喊声里，乌云听出了欢乐。

在这叫喊声里——充满着对暴风雨的渴望！在这叫喊声里，乌云听出了愤怒的力量、热情的火焰和胜利的信心。

海鸥在暴风雨来临之前呻吟着，——呻吟着，它们在大海上飞窜，想把自己对暴风雨的恐惧，掩藏到大海深处。

海鸭也在呻吟着，——它们这些海鸭啊，享受不了生活的战斗的欢乐：轰隆隆的雷声就把它们吓坏了。

蠢笨的企鹅，胆怯地把肥胖的身体躲藏到悬崖底下……只有那高傲的海燕，勇敢地，自由自在地，在泛起白沫的大海上飞翔！

乌云越来越暗，越来越低，向海面直压下来，而波浪一边歌唱，一边冲向高空，去迎接那雷声。

雷声轰响。波浪在愤怒的飞沫中呼叫，跟狂风争鸣。看吧，狂风紧紧抱起一层层巨浪，恶狠狠地把它们甩到悬崖上，把这些大块的翡翠摔成尘雾和碎末。

海燕叫喊着，飞翔着，像黑色的闪电，箭一般地穿过乌云，翅膀掠起波浪的飞沫。

看吧，它飞舞着，像个精灵，——高傲的、黑色的暴风雨的精灵，——它在大笑，它又在号叫……它笑那些乌云，它因为欢乐而号叫！

这个敏感的精灵，——它从雷声的震怒里，早就听出了困乏，它深信，乌云遮不住太阳，——是的，遮不住的！

狂风吼叫……雷声轰响……

一堆堆乌云，像青色的火焰，在无底的大海上燃烧。大海抓住闪电的箭光，把它们熄灭在自己的深渊里。这些闪电的影子，活像一条条火蛇，在大海里蜿蜒游动，一晃就消失了。

——暴风雨！暴风雨就要来啦！

这是勇敢的海燕，在怒吼的大海上，在闪电中间，高傲地飞翔；这是胜利的预言家在叫喊：

——让暴风雨来得更猛烈些吧！

第九十七课　绿的歌

这篇写于十一届三中全会之后的散文，把一个久经风霜、与世纪同龄的老作家对历史的沉思、对人生的感悟和对社会主义祖国的热爱淋漓尽致地表达了出来，尤其感人的是它在“绿的歌”的旋律中呈现的题旨：落红不是无情物，化作春泥更护花。充分展示出老一辈对青年一代的拳拳爱心与博大的胸怀。

这篇散文给人突出的感受便是作者精巧的艺术构思和色彩意境的营造。作者以“蓝色”“红色”“绿色”分别象征人生中的某一阶段，象征人生中某一阶段的心境和哲学意义，这种心境和哲学意义则又是透过三种不同的色彩意境体现出来的。如“一望无际的湛蓝湛蓝的大海，身后是一抹浅黄的田地”，呈现出一种明丽纯真的情调；又如“光艳一闪”的枫林红叶，在飒飒朔风中纷纷飘落，表现的则是“逝者如斯”的失意和紧迫感；而那“苍绿的”“翠绿的”“深浅不同”“铺天盖地”的绿色，又浸透着一种无限欢畅与恬静的情绪。那是生命升华后必然产生的，给读者以清新、欢悦的艺术享受，同时恰到好处地烘托出作品的主旨。景中有情，情中有景。老作家将这篇情景交融的精品和她的爱意献给了她热爱的青年人，表达了她对祖国和青年们的热情期望。

冰心（1900—1999 年），女，原名谢婉莹，福建长乐人，中国民主促进会（民进）成员。中国诗人，现代作家、翻译家、儿童文学作家、社会活动家、散文家。笔名冰心取自“一片冰心在玉壶”。1919 年 8 月的《晨报》上，冰心发表了第一篇散文《二十一日听审的感想》和第一篇小说《两个家庭》。1923 年出国留学前后，开始陆续发表总名为《寄小读者》的通讯散文，成为中国儿童文学的奠基之作。1946 年在日本被东京大学聘为第一位外籍女教授，讲授“中国新文学”课程，于 1951 年返回中国。

绿的歌

冰心

我的童年是在大海之滨过的，眼前是一望无际的湛蓝湛蓝的大海，身后是一抹浅黄的田地。

那时，我的大半个世界是蓝色的。蓝色对于我，永远象征着阔大，深远，庄严……

我很少注意到或想到其他的颜色。

离开海边，进入城市，说是“目迷五色”也好，但我看到的只是杂色的黯淡的一切。

我开始向往看到一大片的红色，来振奋我的精神。

我到西山去寻找枫林的红叶。但眼前这一闪光艳，是秋天的“临去秋波”，很快地便被朔风吹落了。

在怅惘迷茫之中，我凝视着这满山满谷的吹落的红叶，而“向前看”的思路，却把我的心情渐渐引得欢畅了起来！

“落红不是无情物”，它将在春泥中融化，来滋润培养它新的一代。

这时，在我眼前突兀地出现了一幅绿意迎人的图画！那是有一年的冬天，我回到我的故乡去，坐汽车从公路进入祖国的南疆。小车在层峦叠嶂中穿行，两旁是密密层层的参天绿树：苍绿的是松柏，翠绿的是竹子，中间还有许许多多不知名的、色调深浅不同的绿树，衬以遍地的萋萋芳草。“绿”把我包围起来了。我从惊喜而沉入恬静，静默地、欢悦地陶醉在这铺天盖地的绿色之中。

我深深地体会到“绿”是象征着：浓郁的春光，蓬勃的青春，崇高的理想，热切的希望……

绿，是人生中的青年时代。

个人、社会、国家、民族、人类都有其生命中的青年时代。

我愿以这支“绿的歌”献给生活在社会主义祖国的青年们！

第九十八课　太阳礼赞

《太阳礼赞》是文学家郭沫若创作的一首新诗，写于五四新文化运动时期，这首诗富于浪漫主义色彩。在诗中，作者用激情的语言赞颂了新生的太阳，表达了对未来美好祖国的向往之情，以及愿意为实现光明理想而献身的精神。

全诗共七节，每节两行。前三节写景，描绘日出前、日出时、日出后的不同景象。诗人如一位高明的画家，将日出前后的壮丽景象具体生动地表现在读者面前：辽阔的大海上，波涛汹涌澎湃，霞光万丈，一轮红日缓缓上升，将大海上的云彩染成一片火红。这画面不只是具有色彩美，还具有动态美，因而能给人以一种飞动的感觉。从第四节开始，诗人便对太阳畅开胸怀，诉说自己的愿望，每一句都以“太阳哟”开头，诗人请求太阳永远照耀世界，将四面的黑暗驱除出去；诗人希望能从太阳吸取无穷无尽的光和热，使自己的心灵得到净化。诗人愿和太阳融为一体，表达了为光明而献身的理想以及同一切黑暗势力作搏斗的信念。第四至第七节，诗人的感情如火山喷发，像怒涛狂卷，充分表现了五四时期那种特有的狂飚精神。

郭沫若（1892—1978 年），原名郭开贞，四川乐山人。1914 年赴日本学医，回国后从事文艺运动。1918 年开始新诗创作。1921 年与郁达夫等组织创造社，并出版了第一部诗集《女神》，对中国的新诗创作产生了很大的影响，成为新文学的奠基者之一。1924 年后开始倡导革命文学。1926 年参加北伐战争，1927 年参加南昌起义。1928 年起旅居日本，从事中国古代史和古文字学的研究工作，成绩卓着。1937 年抗日战争爆发后回国从事抗日救亡运动，并写下许多历史剧和大量诗文。建国后曾任全国人大副委员长、全国政协副主席、中国科学院院长、全国文联主席等职，创作了大量的剧本、散文和小说。他的早年诗作形式自由活泼，风格雄奇壮美，具有浓厚的浪漫色彩，表现了五四时代的革命精神。

太阳礼赞

郭沫若

青沈沈[1]的大海，波涛汹涌着，潮向东方。
光芒万丈地，将要出现了哟——新生的太阳！
天海中的云岛都已笑得像火一样地鲜明！
我恨不得，把我眼前的障碍一概划平！
出现了哟！出现了哟！耿晶晶地白灼的圆光！
从我两眸中有无限道的金丝向着太阳飞放。
太阳哟！我背立在大海边头紧觑着你。
太阳哟！你不把我照得个通明，我不回去！
太阳哟！你请永远照在我的面前，不使退转！
太阳哟！我眼光背开了你时，四面都是黑暗！
太阳哟！你请把我全部的生命照成道鲜红的血流！
太阳哟！你请把我全部的诗歌照成些金色的浮沤[2]！
太阳哟！我心海中的云岛也已笑得来火一样地鲜明了！
太阳哟！你请永远倾听着，倾听着，我心海中的怒涛！

【注释】

（1）青沈沈：同“青沉沉”。
（2）浮沤（ōu）：水面上的泡沫。

第九十九课　记念刘和珍君

鲁迅在本文中深刻地揭露了帝国主义和封建军阀相勾结屠杀爱国群众的滔天罪行，有力地痛斥了走狗文人的卑鄙行径，无比沉痛地悼念刘和珍等遇害青年，奉献他的悲哀和尊敬，热情地颂扬了中国妇女的勇毅不屈精神，激励革命者继续战斗。因此，本文不是一般的悼念文章，而是歌颂“为了中国而死的中国青年”的悲壮战歌，是讨伐帝国主义者及其走狗的战斗檄文，也是鼓舞青年奋勇斗争的革命号角。

在段祺瑞反动政府的通缉声中，鲁迅不怕牺牲，坚决站在爱国群众一边，以最大的悲愤写了本文和有关“三·一八”惨案的一系列杂文，揭露反动派的卑劣凶残，鼓舞革命群众进行斗争，发挥了巨大的战斗作用。

鲁迅的《记念刘和珍君》在鲁迅散文中无疑是抒情的双璧之一，文章针对现实的批判和赞颂，既有战斗性也有抒情性。文章隐匿锋芒，深化思绪于曲折的层次中，思绪在曲折的逻辑中出奇制胜地推演，就成了鲁迅杂文的一大创造。

鲁迅（1881—1936年），原名周樟寿，后改名周树人，字豫山，后改豫才，“鲁迅”是使用最广泛的笔名，浙江绍兴人。著名文学家、思想家，五四新文化运动的重要参与者，中国现代文学的奠基人。鲁迅一生在文学创作、文学批评、思想研究、文学史研究、翻译、美术理论引进、基础科学介绍和古籍校勘与研究等多个领域具有重大贡献。他对于五四运动以后的中国社会思想文化发展具有重大影响，蜚声世界文坛，尤其在韩国、日本思想文化领域有极其重要的地位和影响，被誉为“二十世纪东亚文化地图上占最大领土的作家”。

记念刘和珍君

鲁迅

一

中华民国十五年三月二十五日，就是国立北京女子师范大学为十八日在段祺瑞执政府前遇害的刘和珍杨德群两君开追悼会的那一天，我独在礼堂外徘徊，遇见程君，前来问我道，“先生可曾为刘和珍写了一点什么没有？”我说“没有”。她就正告我，“先生还是写一点罢；刘和珍生前就很爱看先生的文章。”

这是我知道的，凡我所编辑的期刊，大概是因为往往有始无终之故罢，销行一向就甚为寥落，然而在这样的生活艰难中，毅然预定了《莽原》全年的就有她。我也早觉得有写一点东西的必要了，这虽然于死者毫不相干，但在生者，却大抵只能如此而已。倘使我能够相信真有所谓“在天之灵”，那自然可以得到更大的安慰，——但是，现在，却只能如此而已。

可是我实在无话可说。我只觉得所住的并非人间。四十多个青年的血，洋溢在我的周围，使我难于呼吸视听，那里还能有什么言语？长歌当哭，是必须在痛定之后的。

而此后几个所谓学者文人的阴险的论调，尤使我觉得悲哀。我已经出离愤怒了。我将深味这非人间的浓黑的悲凉；以我的最大哀痛显示于非人间，使它们快意于我的苦痛，就将这作为后死者的菲薄的祭品，奉献于逝者的灵前。

二

真的猛士，敢于直面惨淡的人生，敢于正视淋漓的鲜血。这是怎样的哀痛者和幸福者？然而造化又常常为庸人设计，以时间的流驶，来洗涤旧迹，仅使留下淡红的血色和微漠的悲哀。在这淡红的血色和微漠的悲哀中，又给人暂得偷生，维持着这似人非人的世界。我不知道这样的世界何时是一个尽头！

我们还在这样的世上活着；我也早觉得有写一点东西的必要了。离三月十八日也已有两星期，忘却的救主快要降临了罢，我正有写一点东西的必要了。

三

在四十余被害的青年之中，刘和珍君是我的学生。学生云者，我向来这样想，这样说，现在却觉得有些踌躇了，我应该对她奉献我的悲哀与尊敬。她不是"苟活到现在的我"的学生，是为了中国而死的中国的青年。

她的姓名第一次为我所见，是在去年夏初杨荫榆女士做女子师范大学校长，开除校中六个学生自治会职员的时候。其中的一个就是她；但是我不认识。直到后来，也许已经是刘百昭率领男女武将，强拖出校之后了，才有人指着一个学生告诉我，说：这就是刘和珍。其时我才能将姓名和实体联合起来，心中却暗自诧异。我平素想，能够不为势利所屈，反抗一广有羽翼的校长的学生，无论如何，总该是有些桀骜锋利的，但她却常常微笑着，态度很温和。待到偏安于宗帽胡同，赁屋授课之后，她才始来听我的讲义，于是见面的回数就较多了，也还是始终微笑着，态度很温和。待到学校恢复旧观，往日的教职员以为责任已尽，准备陆续引退的时候，我才见她虑及母校前途，黯然至于泣下。此后似乎就不相见。总之，在我的记忆上，那一次就是永别了。

四

我在十八日早晨，才知道上午有群众向执政府请愿的事；下午便得到噩耗，说卫队居然开枪，死伤至数百人，而刘和珍君即在遇害者之列。但我对于这些传说，竟至于颇为怀疑。我向来是不惮以最坏的恶意，来推测中国人的，然而我还不料，也不信竟会下劣凶残到这地步。况且始终微笑着的和蔼的刘和珍君，更何至于无端在府门前喋血呢？

然而即日证明是事实了，作证的便是她自己的尸骸。还有一具，是杨德群君的。而且又证明着这不但是杀害，简直是虐杀，因为身体上还有棍棒的伤痕。

但段政府就有令，说她们是"暴徒"！

但接着就有流言，说她们是受人利用的。

惨象，已使我目不忍视了；流言，尤使我耳不忍闻。我还有什么话可说呢？我懂得衰亡民族之所以默无声息的缘由了。沉默呵，沉默呵！不在沉默中爆发，就在沉默中灭亡。

五

但是，我还有要说的话。

我没有亲见；听说她，刘和珍君，那时是欣然前往的。自然，请愿而已，稍有人心者，谁也不会料到有这样的罗网。但竟在执政府前中弹了，从背部入，斜穿心肺，已是致命的创伤，只是没有便死。同去的张静淑君想扶起她，中了四弹，其一是手枪，立仆；同去的杨德群君又想去扶起她，也被击，弹从左肩入，穿胸偏右出，也立仆。但她还能坐起来，一个兵在她头部及胸部猛击两棍，于是死掉了。

始终微笑的和蔼的刘和珍君确是死掉了，这是真的，有她自己的尸骸为证；沉勇而友爱的杨德群君也死掉了，有她自己的尸骸为证；只有一样沉勇而友爱的张静淑君还在医院里呻吟。当三个女子从容地转辗于文明人所发明的枪弹的攒射中的时候，这是怎样的一个惊心动魄的伟大呵！中国军人的屠戮妇婴的伟绩，八国联军的惩创学生的武功，不幸全被这几缕血痕抹杀了。

但是中外的杀人者却居然昂起头来，不知道个个脸上有着血污……

六

时间永是流驶，街市依旧太平，有限的几个生命，在中国是不算什么的，至多，不过供无恶意的闲人以饭后的谈资，或者给有恶意的闲人作“流言”的种子。至于此外的深的意义，我总觉得很寥寥，因为这实在不过是徒手的请愿。人类的血战前行的历史，正如煤的形成，当时用大量的木材，结果却只是一小块，但请愿是不在其中的，更何况是徒手。

然而既然有了血痕了，当然不觉要扩大。至少，也当浸渍了亲族；师友，爱人的心，纵使时光流驶，洗成绯红，也会在微漠的悲哀中永存微笑的和蔼的旧影。陶潜说过，“亲戚或余悲，他人亦已歌，死去何所道，托体同山阿。”倘能如此，这也就够了。

七

我已经说过：我向来是不惮以最坏的恶意来推测中国人的。但这回却很有几点出于我的意外。一是当局者竟会这样地凶残，一是流言家竟至如此之下劣，一是中国的女性临难竟能如是之从容。

我目睹中国女子的办事，是始于去年的，虽然是少数，但看那干练坚决，百折不回的气概，曾经屡次为之感叹。至于这一回在弹雨中互相救助，虽殒身不恤的事实，则更足为中国女子的勇毅，虽遭阴谋秘计，压抑至数千年，而终于没有消亡的明证了。倘要寻求这一次死伤者对于将来的意义，意义就在此罢。

苟活者在淡红的血色中，会依稀看见微茫的希望；真的猛士，将更奋然而前行。

呜呼，我说不出话，但以此记念刘和珍君！

四月一日。

第一百课　就是那一只蟋蟀

导语

著名诗人流沙河的诗歌《就是那一只蟋蟀》是一篇意象数量众多、内蕴深刻、组合高妙的佳作。喻象即通过比喻、象征的方式构置的意象，它是艺术家借助一定的艺术技巧，将客观物象按照心灵重组或变形，让客观物象成为心灵的载体而创造出来的，比喻和象征性的意象因其具有巨大的暗示性而为艺术家所喜爱。《就是那一只蟋蟀》中的“蟋蟀”就是这样的喻象。蟋蟀是每一个普通的中国人都非常熟悉的小昆虫，又叫促织或蛐蛐儿，因其好斗，两翅摩擦能发声而受到很多人的喜爱。但是诗歌中的蟋蟀已经不是一般意义上的昆虫。蟋蟀已不再受时间、空间、政治等的限制，它能沟通古今、两岸中国人共有的情感。

这首诗是自由诗，句式骈散兼行，随感情的奔放而行止。朗诵起来琅琅上口，在委婉悠绵的音响中抑扬起伏，很富于节奏感。诗人悠悠的思乡之情深含于诗行之中，诗人借助于丰富的想象，纵横于时、空之间，寄情于岁月山水之上，辗转回旋。

流沙河（1931 年—），原名余勋坦，四川金堂人，当代诗人，1931 年 11 月 11 日生在成都，1935 年迁回城厢镇槐树街老家。自幼习古文，做文言文。1931 年在成都出生，建国后，历任川西《农民报》副刊编辑、四川省文联创作员、《星星》诗刊编辑、中国作协第四届理事。后在中国作协四川分会专门从事创作。著有诗集为《流沙河诗集》（1982）、《故园别》（1983）、《游踪》（1983）等。

就是那一只蟋蟀

流沙河

就是那一只蟋蟀

台湾诗人 Y 先生说："在海外，夜间听到蟋蟀叫，就会以为那是在四川乡下听到的那一只。"

就是那一只蟋蟀
钢翅响拍着金风
一跳跳过了海峡
从台北上空悄悄降落
落在你的院子里
夜夜唱歌

就是那一只蟋蟀
在《豳风·七月》里唱过
在《唐风·蟋蟀》里唱过
在《古诗十九首》里唱过
在花木兰的织机旁唱过
在姜夔的词里唱过
劳人听过
思妇听过

就是那一只蟋蟀
在深山的驿道边唱过
在长城的烽台上唱过
在旅馆的天井中唱过
在战场的野草间唱过
孤客听过
伤兵听过

就是那一只蟋蟀
在你的记忆里唱歌
在我的记忆里唱歌
唱童年的惊喜

唱中年的寂寞
想起雕竹做笼
想起呼灯篱落
想起月饼
想起桂花
想起满腹珍珠的石榴果
想起故园飞黄叶
想起野塘剩残荷
想起雁南飞
想起田间一堆堆的草垛
想起妈妈唤我们回去加衣裳
想起岁月偷偷流去许多许多

就是那一只蟋蟀
在海峡这边唱歌
在海峡那边唱歌
在台北的一条巷子里唱歌
在四川的一个乡村里唱歌
在每个中国人脚迹所到之处
处处唱歌
比最单调的乐曲更单调
比最谐和的音响更谐和
凝成水
是露珠
燃成光
是萤火
变成鸟
是鹧鸪
啼叫在乡愁者的心窝

就是那一只蟋蟀
在你的窗外唱歌
在我的窗外唱歌
你在倾听
你在想念

我在倾听
我在吟哦
你该猜到我在吟些什么
我会猜到你在想些什么
中国人有中国人的心态
中国人有中国人的耳朵
（1982 年 7 月 10 日在成都）